A precio de Sangre

A Precio de Sangre

José Miguel Espinal Cruz

A precio de sangre
José Miguel Espinal Cruz
Impreso en:
Impresos Drapey
Santiago de los Caballeros
República Dominicana
Agosto de 2020
Tercera edición

1 corintios 6, 20

Palabras introductorias

Les presento este hermoso libro, como un instrumento de mucho valor, para la lectura y la reflexión de cada día, pues les ayudará mucho en el encontrarse con Jesús y su infinito poder misericordioso. Además tiene meditaciones y una gran explicación sobre el poder de Sangre de Cristo.

Este libro le ayudará para las enseñanzas, catequesis y prédicas, sobre el poder misericordioso de Jesús y su gran amor por la humanidad.

Le ayudará a tener un encuentro personal con Jesús misericordia infinita.

Al leerlo te darás cuenta que es un libro para la reflexión y la búsqueda del resucitado, que ha derramado su sangre por ti y por todos.

Te recomiendo estas páginas porque creo que te ayudarán en tu vida de fe y para ayudar a otras personas a encontrarse con el Cristo del amor y de la misericordia. Tienen las más humildes explicaciones para iluminarte el caminar de la vida.

Te será de mucha utilidad para conocer cuánto nos ama El Señor.

Con cariño, su hermano en Cristo,

Reverendo Diácono Fausto Mateo
Coordinador Arquidiocesano de la RCC.
Arquidiócesis de Santiago de los Caballeros.

Palabras introductorias

Querido lector/a, tú has sido bendecido/a, al Dios poner en tus manos este maravilloso libro, al leerlo sentirás la presencia viva del Espíritu Santo, actuando a través de cada línea en el escrita, es un libro lleno de testimonios de vida auténticos, los cuales nosotros los que llevamos el ministerio de la evangelización, vamos siendo testigo de aquellas palabras que encontramos en el libro de **Hebreos 13,8 ¨Jesús es el mismo ayer, hoy, mañana y siempre¨**, a través del mismo tu fe, querido hermano (a) se levantará, y afianzará a un más, pues si Jesús ha realizado tantas sanaciones y liberaciones en cada hermano, ten seguro, que también lo hará contigo… En Él no hay distinción de persona, te puedo decir que yo soy testigo del poder de Dios.

Le doy gracias al Señor, por poder tener la dicha de conocer a mi hermano en Cristo José Miguel Espinal, valoro su entrega incondicional al Señor, su esmero y el esfuerzo de llevar el evangelio de Cristo a tantas personas triste, angustiadas y sin esperanza, las cuales luego de recibir un mensaje de vida dan su testimonio de la gracia y la bendición que han recibido del Señor.

Recuerda tú vales mucho, fuiste comprado a precio de sangre.

Tu hermana en Cristo,

Yazmín Marte

Coordinara parroquial de la RCC.

Parroquia Santa Teresita del niño Jesús.

Estimado José Miguel:

He leído con agrado tu segunda producción literaria ¨A Precio de Sangre¨.
Quiero testimoniar mi alegría porque veo tu crecimiento espiritual y tu gran apoyo, a nuestro Señor Jesús y la Renovación Carismática, tan querida por todos y de la que tanto frutos hemos recibidos en estos cincuenta años de anuncio kerigmatico y siendo testigos de grandes milagros, que hemos recibido de parte del Señor.
Que todo sea para mayor gloria de Dios y bien para su pueblo.
Te ánimo para que sigas adelante. Deseo que lo que encontramos en estas páginas sirva para muchos hermanos sedientos de Cristo.
Mi bendición.

Padre Rafael Antonio Bonilla (Tony).
Asesor espiritual de la RCC, Diócesis de Puerto Plata.

Este libro recorre diversos encuentros que ha tenido José Miguel Espinal Cruz, en su caminar de vida en el Espíritu.

A precio de Sangre, como ha llamado el autor el libro, es un libro testimonial de jornadas de Evangelización que él ha recorrido, observándose, sanaciones, conversiones, liberaciones, transformaciones de vida, lo cual refleja una cosecha hermosa de los resultados realizados en sus servicios con identidad carismática.

En el combate espiritual, nosotros hacemos la parte de la oración y el Espíritu Santo, hace lo divino. Los sacramentos y sacramentales son la armadura del cristiano para salir a las calles a llevar consolaciones, esperanzas y por la gracia De Dios, también las personas reciben la Unción del Santo Espíritu para tener una sanación integral.

A precio de Sangre, nos sigue confirmando a través de sus testimonios, que la fe en Cristo debemos aumentarla cada vez más, y que el servicio al Reino de Dios, nos lleva a la misión verdadera, sabiendo que Él pagó con su

Sangre Santa y a Él todo el honor y toda gloria.

**Luis Espinal
Coordinador Nacional
Renovación Carismática
Católica Dominicana**

Prólogo

Dios en su infanta sabiduría, misericordia y compasión; siendo Él rico en amor y generosidad, a todos nos ha extendido por igual una fiel invitación, que permanece estable para siempre. "Su Palabra estable como el sol".
Al aceptar este llamado y al adentrarnos en el mar inmenso de la fe, entonces, entendemos y empezáramos a actuar en concordancia a lo mismo: no somos esclavos. No debemos nada al mundo, a los bajos instintos de la carne, al pecado, al maligno, la enfermedad, a la tristeza, a la depresión, en fin… en una oración resumida; a ninguna situación adversa o contrario al plan de Dios.
Valemos mucho. El Señor en su palabra lo afirma. *Y ahora, así te habla Yavé, que te ha*

creado, Jacob, o que te ha formado, Israel. No temas, porque yo te he rescatado; te he llamado por tu nombre, tú eres mío. Si atraviesas el río, yo estaré contigo y no te arrastrará la corriente. Si pasas por medio de las llamas, no te quemarás, ni siquiera te chamuscarás. Pues yo soy Yavé, tu Dios, el Santo de Israel, tu Salvador. Para rescatarte, entregaría a Egipto Etiopía y Saba, en lugar tuyo. Porque tú vales mucho a mis ojos, yo doy a cambio tuyo vidas humanas; por ti entregaría pueblos, porque te amo y eres importante para mí. No temas, pues, ya que yo estoy contigo (Isaías 43, 1-5a). Fuimos comprados a un precio muy alto.

Si usted cree en esto, no habrá cadena, atadura, maldición, infortunio, que pueda detener la gloria de Dios en su vida. Llego la hora de levantarse con fe y convicción y gritarlo con vos potente "Tengo un gran valor. Fui comprado con la Sangre de Jesús" (1 corintios 6, 20). Es hora de que tomes y te apropies de todo lo que Dios tiene para ti.

En mi primer libro ¨ Antes que te formaras¨ deje plasmada la obra de Dios en mi vida. Quise escribir (Él me inspiró) lo que El Señor hizo conmigo. Aquí dejo escrito, lo que el Nazareno, a aquel que quiso hacerse el servidor de todos, manso y humilde de corazón, ha hecho en otros, a través del ministerio de evangelización que Él ha puesto en mí. En estos seis años predicando la palabra de Dios y orando por las necesidades de muchos que con sencillez de alma han pedido oración; he sido testigo y muchos también lo son, de que Dios, sigue obrando en medio y a favor de aquellos que le invocan.

La oración es medio para llegar a Dios y la Sangre de Cristo, es nuestra garantía, pues con ella fuimos comprados, para ser un pueblo libre, una raza nueva, un nuevo linaje, cuya herencia es el Reino de los Cielos.

Aclaro: Este libro no es un instructivo de oración de sanación o liberación, sino, simplemente, un escrito para testificar la acción del Espíritu Santo en nuestros días.

Sé que muchos al leer estas páginas, sentirán el llamado a la evangelización y el Señor suscitara dones y carismas extraordinarios para y en todos aquellos que crean, sin embargo, le exhorto a no lanzarse como muchos los han hecho, sin preparación o formación alguna o peor aún, sin haber sido enviados por la iglesia y por tal razón prontamente han sido eliminados del buen cómbate de la fe. (1 Timoteo 6,12).

Le aconsejo que se acerque a su párroco, a su confesor o consejero espiritual o bien a un grupo de oración o asamblea carismática reconocida y asentada en el registro de la iglesia buscando orientación. Después de recibirla busque formarse en la escuela de servidores de la renovación católica carismática o en la escuela de evangelización.

Esta obra es como la segunda parte o la continuación, del escrito literario testimonial ¨Antes que te formaras¨.

Capítulo I

A usted

A usted:

La vida de fe y de la gracia, está llena de en-crucijadas. Mantenerse en pie es por tanto, cosa de valientes, de personas perseverantes y que nunca descuidan la oración. Personas que jamás olvidan que fueron comprados a precio de sangre.

Es de suma importancia saber que para permanecer en el camino, necesitamos de los demás. Juntarnos con personas que aporten a la vida espiritual.

Ya lo dijo el refrán ¨Dime con quién andas y te diré quién eres¨ o ¨ Quien a buen árbol de arrima, buena sombra le cobija¨. El primero no es que sea una verdad absoluta, pero si muy relativa. En efesios 6; 18 Leemos: *siempre en oración y súplica, orando en toda ocasión en el Espíritu, velando juntos con perseverancia e intercediendo por todos los santos.* Esto significa que debemos orar siempre, sabiendo que Dios escuchará y que todo quien haya leído o escuchado de este mandato, si se considera hermano nuestro, orara siempre por nosotros.

Sobre la oración, alguna vez dijo el padre Pio de Pietrelcina ¨Ora y deja la preocupación, porque Dios es bueno y seguro te escuchara¨. La preocupación es inútil. En nuestro interior, ha de estar arraigado un sentimiento de seguridad y paz plena, aunque estemos en medio de tormentas.

Bueno es codearse siempre con personas, que aunque no sean igual que nosotros (me refiero al trato, al carácter, etc.), tengan un mismo sentir y una misma fe, (solos es imposible permanecer). Lo mejor que podemos hacer, es buscar unión y amistad con personas que gusten de la oración, de la piedad y sean prontas para hacer el bien.

Rodearse de personas negativas y de poca fe, suele ser dañino. En el verso 18, en la parte C, de Efesios 6, dice a favor de los santos (sus hermanos).

Quien ha entendido este mensaje, sabe que la misión o el llamado, no se detiene en la oración propia o en beneficio de uno mismo, sino que además debe de hacerse y con mucha frecuencia en favor de los demás.

Esto da pie a que entendamos, que continuar el camino hacia la patria definitiva, se sirve de un orar mutuo y reciproco.

Una vez iniciamos el camino del Señor, Él mismo, si se lo permitimos, se encargara de poner a nuestro lado, las personas correctas. Aquellas que nos harán sumo bien en el caminar y crecimiento espiritual. No significa esto que me he convertido en un puritano. (Persona se cree muy santa o muy salva y no puede juntarse con pecadores), pues si obrara así, estaría faltando a la verdad del evangelio. El mismo Señor siempre busco, estar cerca de publicanos, cobradores de impuestos y prostitutas. No para el libertinaje, sino con el fin de atraerlos con el ejemplo. *Se acerca el fin del universo: por eso tengan la moderación y sobriedad necesarias para poder orar. Ante todo, haya mucho amor entre ustedes, porque el amor perdona una multitud de pecados. Practiquen la hospitalidad mutua sin quejarse. Cada uno, como buen administrador de la multiforme gracia de Dios, ponga al servicio de los demás los dones que haya recibido.*

Quien predica, hable como quien entrega palabras de Dios; el que ejerce algún ministerio hágalo como quién recibe de Dios ese poder; de modo que en todo sea glorificado Dios por medio de Jesucristo. A quien corresponde la gloria y el poder por los siglos de los siglos. Amén. (1 Pedro 4, 7-11)

Jesús en algún momento, cuando se disponía a resucitar la hija de Jairo, tuvo que echar fuera a los que no creían. *Jesús, escuchando lo que hablaban, dijo al jefe de la sinagoga: -No temas, basta que tengas fe. No permitió que lo acompañase nadie, salvo Pedro, Santiago y su hermano Juan. Llegaron a casa del jefe de la sinagoga, vio el alboroto y a los que lloraban y gritaban sin parar. Entró y les dijo: -¿A qué viene este alboroto y esos llantos? La muchacha no está muerta, sino dormida. Se reían de él. Pero él, echando afuera a todos, tomó al padre, a la madre y a sus compañeros y entró a donde estaba la muchacha. Agarrando a la niña de la mano, le dijo: Talitha qum -que significa: Chiquilla, te lo digo a ti, ¡levántate! Al instante la muchacha se levantó* *y se puso a ca*minar -tenía doce años-. Ellos quedaron fuera de sí del asombro. (Marcos 5, 36-42). Con astucia y sin faltar a la moral de nadie, en circunstancia de la vida, debemos seguir este ejemplo. Decidiendo con firmeza y sagacidad. De forma tajante. A veces aunque duela, hay que dejar a un lado a algunos, que sabemos no nos hacen ningún bien.

En mi caso, en lo personal, una vez llegue al camino verdadero, cuando me volví al Señor y empecé a colaborar en la obras del Reino; Jesús mismo se encargo (Claro, yo se lo permití voluntariamente) de quitarme los que para mi eran amigos, y por un tiempo hasta de mi familia me vi privado. (Hasta que ellos entendieron sobre mi llamado). Mientras esto pasaba, algo mejor iba ocurriendo conmigo. Perdía a los amigos que me llevaban a vivir en fornicación, adulterio, apago a dinero y a lo material, a la mentira y a toda clase de pecados abominables ante te los ojos de Dios, en cambio iba ganando una multitud de hermanos, que se preocupaban por mí, por mi crecimiento espiritual, por mi vida y estabilidad en la fe y sobre todo… siempre oraban por mí.

A veces suceden cosas que de plano no entendemos y llegamos a pensar y aun mas, nos creemos derrotados, acabados, arruinados, sin embargo, Dios tiene un plan perfecto y su retribución… es mucho mejor de lo que podemos imaginar. *Entonces Pedro le dijo: «Nosotros lo hemos dejado todo para seguirte.» Y Jesús contestó: «En verdad les digo: Ninguno que haya dejado casa, hermanos, hermanas, madre, padre, hijos o campos por mi causa y por el Evangelio quedará sin recompensa. Pues, aun con persecuciones, recibirá cien veces más en la presente vida en casas, hermanos, hermanas, hijos y campos, y en el mundo venidero la vida eterna. (Marcos 10, 28-30)*

Fuiste comprado a precio de sangre y aunque no entiendas lo que esta pasándote hoy, Dios está pendiente. Está preparándote y allanándote el camino para hacer de ti un valiosísimo instrumento.

Capítulo II

Dios sana a un niño

Dios sana a un niño:

El testimonio que voy a contarles a continuación, es prueba de lo que valemos a los ojos del Creador y garantía de lo plasmado en Romanos 10, 11. *El que cree en Él no quedará defraudado.*

Era el veintisiete de febrero del dos mil trece (27/2/2013). Todo el país estaba de fiesta. Un aniversario más de la independencia nacional dominicana.

Ese día en la tarde me invitaron a predicar a una casa, en el sector de Bella Vista. Mientras iba de camino, escuche mi teléfono sonar. (Una llamada entrante). Era un hermano de nombre Roberto Fernández, que angustioso me llamaba, para que fuera a orar por su hijo. Tenía el pequeño unos 4 años aproximadamente y estaba interno en el hospital.

Tenía dengue. *(El dengue es una enfermedad causada por el virus del dengue, del género flavivirus que es transmitida por mosquitos, principalmente por el Aedes aegypti. La infección causa síntomas gripa-*

les, y en ocasiones evoluciona hasta convertirse en un cuadro potencialmente mortal, llamado dengue grave o dengue hemorrágico. Es una infección muy extendida que se presenta en todas las regiones de clima tropical del planeta). Las plaquetas le habían bajado a un nivel muy crítico... ya los médicos no daban esperanza de vida.

- Hermano José Miguel. Necesito que venga pronto a orar por mi niño. Está muy mal.- dijo- explicándome con detalles la situación y lo que decían los doctores. Me llene de compasión, pero no podía faltar al compromiso que ya había hecho, de llevar el buen mensaje.

Donde me habían invitado, ya había una multitud esperando, escuchar palabra de Dios.
- Hermano no puedo ir ahora, pero si esperas que termine con este compromiso, con gusto iré contigo a orarle a tu niño. – le respondí.

Llegue al lugar de la invitación y después de un hermoso momento de avivamiento y gozo en el Señor, llego el tiempo de evangelizar a los presentes con la palabra de vida y contarles algún testimonio de lo que Jesús sigue haciendo entre nosotros.

Luego de haber predicado, hablando del mensaje de la salvación. Después de haberles dicho que Cristo sana y libera y que su sangre tiene poder; inicie una oración de sanación y liberación. (Como laico comprometidos y atendiendo el llamado de evangelio y de la santa madre Iglesia, podemos orar por sanación, teniendo en cuenta siempre que hay casos que son especiales, más comúnmente en el área de liberación, que deben de ser atendidos por las personas autorizadas por el obispo).

En aquel espacio justo, cuando pedía a Dios por las necesidades de su pueblo; el Espíritu hablaba a mi interior. Escuche la voz del Señor decirme – No vayas al hospital a orar por el niño. Ve a tu casa, póstrate de rodillas y pide por él.

Terminando aquel encuentro y en obediencia al Señor, me voy a casa, me encierro en mi habitación, en el lugar que exclusivamente tenia para orar. (Es muy bueno, apartar un lugar, en nuestra casa para la oración, aunque no tengamos mucho espacio. Creo que el tamaño no importa. Un anciano de fe una vez me dijo, cuando dedicas un lugar para la oración, Dios siempre estará esperándote ahí para escucharte).

Creo firmemente, que la Santísima Trinidad, toma este lugar, convirtiéndolo en el sitio del encuentro con Dios. Ahí siempre Él esperara y podremos decir como el salmista ¨Clame a ti y tú me escuchaste¨

Al postrarme de rodillas y rogar por unos minutos al Señor por la salud de aquel niño, y luego de darles gracias y alabar a Dios por lo que creí Él ya había hecho, escuche la dulce voz del maestro decirme – Llama o Roberto y dile que haga el santo rosario de rodillas. Que lo ofrezca Jesús Sacramentado y la Virgen Santísima y el pequeño sanará.

Otra vez di gracias al Señor. Me levante del suelo, alabe su santo nombre, tome el teléfono y le conté al atribulado hermano, aquella experiencia de fe.

Al día siguiente a las siete de la mañana, antes de comunicarse con su esposa, la madre del niño, que con él estaba en el hospital, Roberto que iba camino al mencionado centro de salud toma el teléfono y me habla. – Hermano, tengo que decirle, que no sólo yo hice el rosario de rodillas anoche por mi hijo, sino que toda mi familia, se postro en presencia de Dios para hacerlo. En total éramos ocho.

Me llené de gozo cuando escuché esto. Este era el primer milagro para mí. ¡Que una familia que no se reunía a orar, oro unida esa noche. Eso era obra de Dios!

Una vez el llego al hospital, se encontró con la gran sorpresa. ¡Para gloria y honra de Dios Padre, el niño que el día anterior estaba moribundo, ya estaba bien cambiado y con ropa puesta para regresar a casa.

Se cumplió aquí, lo dicho en Malaquías 3, 20. *Pero, en cambio, para ustedes que respetan mi Nombre, brillará el sol de justicia, que traerá en sus rayos la salud; ustedes saldrán saltando como terneros cebados.*

El Santo Rosario arma de poder, es la oración después de la Santa Eucaristía, que mas une el corazón de los católicos. Algunos santos dijeron:

(El Rosario era la devoción preferida del Padre Pío. Consideraba el Rosario como su arma predilecta contra toda clase de enemigos. Lo rezaba de continuo. Era el fraile del Rosario, así lo llamaban y así él aconsejaba a los cristianos). "Amen a la Virgen y háganla amar." La oración del Rosario es la oración que hace triunfar de todo y a todos. Ella, María, nos lo ha enseñado así, lo mismo que, Jesús, nos enseñó el Padre Nuestro. Con el rosario se ganan las batallas. Padre Pio de Pietrelcina.

Estando en Fangeaux una noche en oración, tiene una revelación donde, según la tradición, la Santísima Virgen le revela el Rosario como arma poderosa para ganar almas. Santo Domingo de Guzmán.
"El Rosario es de todas las oraciones la

más bella, la más rica en gracias y la que más complace a la Santísima Virgen¨.

"Si deseáis paz en vuestros corazones y en vuestros hogares, rezad diariamente el santo Rosario". "Dadme un ejército que rece el Rosario y lograré con el conquistar el mundo". San Pio X.

"La Santísima Virgen, en estos últimos tiempos en que estamos viviendo, ha dado una nueva eficacia: el rezo del Santo Rosario, de tal manera que ahora no hay problema por más difícil que sea: sea temporal y, sobre todo, espiritual; sea que se refiera a la vida personal de cada uno, las familias del mundo o comunidades religiosas, o a la vida de los pueblos y naciones; no hay problema, repito, por más difícil que sea, que no podamos resolver ahora con el rezo del Santo Rosario ". "Con el Santo Rosario nos santificaremos, nos salvaremos, consolaremos a nuestro Señor y obtendremos la salvación de muchas almas. Por eso, el demonio hará todo lo posible para distraernos de esta devoción; nos pondrá multitud de pretextos: cansancio, ocupaciones, etc., para que no recemos el Santo Rosario". "El Rosario es el arma de combate de las batallas espirituales de los últimos tiempos". Sor Lucia, vidente de Fátima.

"No tengo mejor secreto para conocer si una persona es de Dios, que si le gusta rezar el Ave María y el Rosario."
"No encuentro otro medio más poderoso para atraer sobre nosotros el Reino de Dios, la Sabiduría eterna, que unir a la oración vocal, la oración mental, rezando el Santo Rosario y meditando sus misterios ".«A quien Dios quiere hacer muy santo, lo hace muy devoto de la Virgen María». "El Rosario es unos de los medios más poderosos que tenemos para aliviar a las almas del Purgatorio"."No es verdadera devoción a la Santísima Virgen rezarle muchas oraciones, pero mal dichas, sin darnos cuenta de lo que decimos". "¡Oh! ¡Qué maravilla de la gracia del Santo Rosario! ¡Poder escapar del mundo, del demonio, de la

carne y salvarte para el Cielo!".San Luis Maria de Monfort.

"Con el Rosario se puede alcanzar todo. Según una graciosa comparación, es una larga cadena que une el cielo y la tierra, uno de cuyos extremos está en nuestras manos y el otro en las de la Santísima Virgen. Mientras el Rosario sea rezado, Dios no puede abandonar al mundo, pues esta oración es muy poderosa sobre su Corazón". Santa Teresita del niño Jesús.

"Con el trasfondo de las Avemarías del Rosario, pasan ante los episodios principales de la vida de Jesucristo. Los misterios del Rosario nos ponen en comunión vital con Jesús a través del Corazón de su Madre"."Mediante el Rosario, el creyente obtiene abundantes gracias, como recibiéndolas de las mismas manos de la Madre del Redentor". "El Rosario de la Virgen María, es una oración apreciada por numerosos santos y fomentada por el Magisterio. Sigue siendo también en este Tercer Milenio, una oración de gran significado, destinada a producir frutos de santidad". "El Rosario, en su sencillez y profundidad, es un verdadero compendio del Evangelio y conduce al corazón mismo del mensaje cristiano". San Juan Pablo II.

Capítulo III

En fusimaña

En Fusimaña:

Fusimaña es en República Dominicana, una casa de retiro y centro de espiritualidad, dirigido por los misioneros hijos del Inmaculado Corazón de María (Misioneros Claretianos) fundados por San Antonio María Claret.
Esta casa, por su ubicación, pertenece a la diócesis de Puerto Plata.
Hay un grupo de hermanos, que bajo la coordinación de la Hermana María de Carmen, En Moca, provincia Espaillat, organizan cuatro retiros internos, cada año. Estos encuentros conllevan en sí mucha preparación espiritual y sometimiento. El hermano Santo Zabala y yo, siempre y por una invitación, vamos a estos retiros y en calidad de servidores charlistas o predicadores. Nos interrnamos también los tres días y así cada uno imparte dos temas o charlas durante este tiempo.
El ministerio transformados por Cristo, en unidad con el ministerio mensajeros de Espíritu Santo, ambos coordinados por la hermana mencionada anteriormente; el primero en la parroquia y el segundo encargados de la

preparación de los retiros, siguen una preparación muy rigurosa y ascesis contante.

Todos los servidores, y como si fueran un solo cuerpo (y eso son en Cristo) se someten a grandes penitencias, abstinencias y sacrificios durante varias días e incluso durante varios meses.

Aquí les dejo algunos ejemplos y ejercicios a los que ellos se someten, pidiendo con esto al Señor que transforme y convierta la vida de cada candidato (participante) en estos maravillosos encuentros. (Estos ejemplos los saco a la luz, no para glorificarlos a ellos, ni para engrandecerlos, sino para que veamos lo que hacen algunos, que si han tomado el camino en serio, por la salvación de las almas). A veces permanecen dos meses sin comer arroz y carne, (esto para un vegetariano no sería nada pero para quien gusta de la misma es una gran mortificación. Al igual que el arroz para personas que no tengan como costumbre comerlo a diario, tampoco sería gran cosa, pero para ellos que cada día lo consumen por ser el plato más común de nuestras comida, es fuerte), levantarse cada día a las tres de la mañana a orar, permaneciendo por lo menos una hora de rodillas, caminar treinta kilómetros descalzos, y muchas cosas más que no puedo o se me permiten detallar y todo esto, con el único objetivo de que los hombres se vuelvan a Dios y Dios le manifieste su gloria.

Un día, en uno de estos retiros... ya era casi las cuatro de la tarde, estaba a punto de entrar a predicar. Iba a hablar de la conversión y la confesión. La conversión como paso muy importante para entrar en la vida nueva, la vida de gracia y la confesión o sacramento de la reconciliación, para mantenernos en la misma.

La conversión es la transformación o cambio de una cosa en otra.

El catecismo de la iglesia católica dice al respecto: 1427, 1428 y 1429. Jesús llama a la conversión. Esta llamada es una parte esencial del anuncio del Reino: "El tiempo se ha cumplido y el Reino de Dios está cerca; convertíos y creed en la Buena Nueva" (Mc 1,15). En la predicación de la Iglesia, esta llamada se dirige primeramente a los que no conocen todavía a Cristo y su Evangelio. Así, el Bautismo es el lugar principal de la conversión primera y fundamental. Por la fe en la Buena Nueva y por el Bautismo (cf. Hch2,38) se renuncia al mal y se alcanza la salvación, es decir, la remisión de todos los pecados y el don de la vida nueva.

Ahora bien, la llamada de Cristo a la conversión sigue resonando en la vida de los cristianos. Esta segunda conversión es una tarea ininterrumpida para toda la Iglesia que "recibe en su propio seno a los pecadores" y que siendo "santa al mismo tiempo que necesitada de purificación constante, busca sin cesar la penitencia y la renovación" (LG 8). Este esfuerzo de conversión no es sólo una obra humana. Es el movimiento del "corazón contrito" (Sal 51,19), atraído y movido por la gracia (cf Jn 6,44; 12,32) a responder al amor misericordioso de Dios que nos ha amado primero (cf 1 Jn 4,10).

De ello da testimonio la conversión de san Pedro tras la triple negación de su Maestro. La mirada de infinita misericordia de Jesús provoca las lágrimas del arrepentimiento (Lc22,61) y, tras la resurrección del Señor, la triple afirmación de su amor hacia él (cf Jn 21,15-17). La segunda conversión tiene también una dimensión comunitaria. Esto aparece en la llamada del Señor a toda la Iglesia: "¡Arrepiéntete!" (Ap 2,5.16).

San Ambrosio dice acerca de las dos conversiones que, «en la Iglesia, existen el agua y las lágrimas: el agua del Bautismo y las lágrimas de la Penitencia» (Epistula extra collectionem 1 [41], 12).

La confesión, es el sacramento administrado por la iglesia católica, mediante el cual los cristianos recibimos el perdón de nuestros pecados.

"Los que se acercan al sacramento de la penitencia obtienen de la misericordia de Dios el perdón de los pecados cometidos contra Él y, al mismo tiempo, se reconcilian con la Iglesia, a la que ofendieron con sus pecados. Ella les mueve a conversión con su amor, su ejemplo y sus oraciones" (LG 11).

Se le denomina sacramento de conversión porque realiza sacramentalmente la llamada de Jesús a la conversión (cf Mc 1,15), la vuelta al Padre (cf Lc 15,18) del que el hombre se había alejado por el pecado.

Se denomina sacramento de la penitencia porque consagra un proceso personal y eclesial de conversión, de arrepentimiento y de reparación por parte del cristiano pecador.

Se le denomina sacramento de la confesión porque la declaración o manifestación, la confesión de los pecados ante el sacerdote, es un elemento esencial de este sacramento. En un sentido profundo este sacramento es también una "confesión", reconocimiento y alabanza de la santidad de Dios y de su misericordia para con el hombre pecador.

> Se le denomina sacramento de perdón porque, por la absolución sacramental del sacerdote, Dios concede al penitente "el perdón [...] y la paz" (Ritual de la Penitencia, 46, 55).
>
> Se le denomina sacramento de reconciliación porque otorga al pecador el amor de Dios que reconcilia: "Dejaos reconciliar con Dios" (2 Co 5,20). El que vive del amor misericordioso de Dios está pronto a responder a la llamada del Señor: "Ve primero a reconciliarte con tu hermano" (Mt 5,24).
>
> Catecismo de la iglesia católica, números 1422, 1423, 1424

Antes de entrar a la predicación, me senté en una de las sillas que están en el quisco que esta, próximo al Salón de conferencias. Una señora, de las candidatas en ese retiro, se me acerco, se sentó frente a mí y me dijo – Necesito que pida al Señor por mí. –le escuchaba atento. –Ella continuo- Vivía en los Estados Unidos. Fue allá donde hace poco, me diagnosticaron un cáncer terminal. –Tenia la señora el cuerpo lleno de tumores, aun que no se veían, porque eran internos, según me dijo. Pues el cáncer había hecho metástasis en todo el cuerpo. – Los médicos- proseguía narrando- me dijeron que no tenían nada que hacer conmigo o por mí. Agregaron que las quimioterapias solo me harían morir más rápido. Me aconsejaron que viniera a mi país y así esperaba la muerte más tranquila, con mi familia.- y alego- hermano regrese a mi país, pero no vine a morirme, todo lo contrario... y si estoy en este retiro es para que Dios me sane.

Me impacto esta última oración. Me fascino la fe de esta señora. Recordemos las palabras de Jesús. Marcos 11, 22-24. «Tened fe en Dios. Yo os aseguro que quien diga a este monte: "Quítate y arrójate al mar" y no vacile en su corazón sino que crea que va a suceder lo que dice, lo obtendrá. Por eso os digo: todo cuanto pidáis en la oración, creed que ya lo habéis recibido y lo obtendréis.

Poca gente va a misa o al grupo de oración con un objetivo especifico, por eso terminamos desenfocados y al final ni siquiera sabemos a que fuimos y si lo sabemos, volvemos a casa o la ocupación propia sin haber pedido nada. Esta señora, sabía detrás de que andaba. Tenía un objetivo: que Jesús la sanara.

Veamos dos casos en el evangelio de personas, que aunque, hubo obstáculos para recibir su bendición, no temblaron ni dudaron, sino que firmes siguieron sus propósitos.

Veamos estos dos casos: *Una mujer cananea, que llegaba de ese territorio, empezó a gritar: «¡Señor, hijo de David, ten compasión de mí! Mi hija está atormentada por un demonio.»Pero Jesús no le contestó ni una palabra. Entonces sus discípulos se acercaron y le dijeron: «Atiéndela, mira cómo grita detrás de nosotros.»Jesús contestó: «No he sido enviado sino a las ovejas perdidas del pueblo de Israel.»Pero la mujer se acercó a Jesús; y, puesta de rodillas, le decía: «¡Señor, ayúdame!»Jesús le dijo: «No se debe echar a los perros el pan de los hijos.»La mujer contestó: «Es verdad, Señor, pero también los perritos comen las migajas que caen de la mesa de sus amos.»Entonces Jesús le dijo: «Mujer, ¡qué grande es tu fe! Que se cumpla tu de-*

seo.» Y en aquel momento quedó sana su hija. (Mateo 15, 22-28)

Ya cerca de Jericó, había un ciego sentado al borde del camino pidiendo limosna. Al oír que pasaba mucha gente, preguntó qué era aquello, y le dieron la noticia: ¡Es Jesús, el nazareo, que pasa por aquí! Entonces empezó a gritar: « ¡Jesús, hijo de David, ten compasión de mí!» Los que iban delante le levantaron la voz para que se callara, pero él gritaba con más fuerza: « ¡Jesús, hijo de David, ten compasión de mí!» Jesús se detuvo y ordenó que se lo trajeran, y cuando tuvo al ciego cerca, le preguntó: « ¿Qué quieres que haga por ti?» Le respondió: «Señor, haz que vea.» Jesús le dijo: «Recobra la vista, tu fe te ha salvado.» Al instante el ciego pudo ver. El hombre seguía a Jesús, glorificando a Dios, y toda la gente que lo presenció también bendecía a Dios. (Lucas 18, 35-43).

En el primero pareciera que fuera el mismo Jesús, quien no querría hacer la obra, sin embargo, eso no limito la firmeza de aquella mujer. En el segundo, la gente lo mandaba a callar, pero el gritaba con más fuerza y agrego quizás con voz más potente. Hubo personas que trataron de impedir su bendición pero él no se detuvo (espero entiendan este mensaje). Tanto en el uno como en el otro, la fe era firme. Se tenía un objetivo claro y se mantuvo la constancia.

Si cada vez que fuéramos al encuentro con Jesús, ya sea en la Santa Eucaristía o en el círculo de oración, tuviéramos una recta intención y un firme propósito, porque el que vacila es semejante al oleaje del mar, movido por el viento y llevado de una a otra parte. (Santiago 1, 6), viéramos mas la gloria de Dios actuar en nosotros.

Tomemos esta enseñanza…*y mi pueblo, sobre el cual es invocado mi Nombre, se humilla, orando y buscando mi rostro, y se vuelven de sus malos caminos, yo les oiré desde los cielos, perdonaré su pecado y sanaré su tierra(2 crónicas 7, 14),… entonces diríamos como Job. Bien sé yo que mi Defensor vive y que él hablará el último, de pie sobre la tierra. Yo me pondré de pie dentro de mi piel y en mi propia carne veré a Dios. Yo lo contemplaré, yo mis-*

mo. Él es a quien veré y no a otro (Job 19, 25-27).

Debemos plantearnos como meta cambiar nuestra actitud ante el Santo Sacramento, misterio del cual penden y desbordan todas las gracias. Sucede que en muchas ocasiones nos encaminamos hasta los pies de Jesús, según nosotros, buscando una repuesta. Lo raro de esto está en que buscamos una contestación; no le permitimos que nos la de, hablamos, hablamos y hablamos pero nunca dejamos que Él hable. Queremos un dialogo y hasta somos capaces de exclamar ¡Dios háblame! Pero no es que Él no te hable, es que hablas tanto, que no lo dejas y Él por ser tan educado y cordial prefiere no interrumpirte. Estamos tan acostumbrados a mucho hablar y poco escuchar, que hasta ante Jesús queremos hacernos los protagonistas. Queremos comunicarnos, tenemos todos los elementos de la comunicación: emisor, receptor, canal, mensaje, código, contexto; y todos los utilizamos, solo que el receptor, a la hora de contestar el mensaje, lo suprimimos. Sería fabuloso si al menos, un minuto al día invirtiéramos los papeles. ¨Me hago receptor, para que Jesús sea el emisor¨

Si practicamos esta virtud habremos marcado una gran diferencia. Habremos salido del montón. De aquellos que van a la iglesia por pura costumbre, por cumplimiento, porque no hay nada más que hacer los domingos en la mañana o por llenar un espacio.

El hecho (continuo narrándole sobre el retiro) es que ese mismo día, luego de la enseñanza, iniciamos un momento de oración. Yo realmente empecé a orar por la conversión de los presentes, pidiendo al Padre, que en el nombre de Jesús, enviara el Espíritu Santo de la conversión pero Jesús que es el dueño, objetivo y motivo de nuestra predicación, empezó a manifestarse, sanando y Liberando. Luego de unos minutos, me llego una palabra de conocimiento.- Declara que aquí hay personas que están siendo sanadas de cáncer.

En ese momento la presencia de Dios inundo todo el lugar. Era algo sorprendente. Un fluir de palabras de conocimiento salía de mí, pues el Señor me inspiraba.

Parecía que el cielo se había juntado con la tierra. Los servidores, tuvieron rápidamente que sacar todas las sillas del salón hacia afuera, porque todos los participantes empezaron a descansar en el espíritu. No puedo o más bien, no tengo palabras para explicar o describir todo lo que paso allí, esa tarde. Llego un momento que todos estaban en el piso. A penas nos encontramos de pies los servidores y yo.

Al terminar el retiro, al día siguiente, una lluvia de bendiciones- los candidatos confirmaban, en el momento de los testimonios todas las palabras de conocimiento, de la tarde anterior.

Terminado el encuentro, todos regresamos a casa.

Pasado seis meses, me vuelven a invitar para dar continuidad al retiro anterior. Ahora la segunda etapa.

... me encontraba sentado, otra vez en el mismo quiosco y en el mismo asiento. Una señora estaba frente a mí. Note que me observaba... y en un momento me pregunto -¿Hermano José Miguel usted se acuerda de mí? – Muy apenado tuve que decirle que no. (Es muy difícil acordarse de tantas personas que a diario tratamos en este camino, pues nos faltaría memoria para recordar todos los rostros de la personas donde vamos a predicar cada día o de todas las personas que nos piden oración, ya que cada día estamos en un pueblo distinto y con personas distintas). Realmente no me acordaba. Ella sin embargo me dijo- Soy la mujer que hace seis meses, llegue hasta aquí con un cáncer terminal. Le dije que había venido para que Jesús me sanara.- ahora sí recuerdo le dije- continuo ella- Pues esta vez no vine a pedirle que me sane. Vine a darles gracias porque aquella tarde fui sanada y mi médico que volvió a practicarme los estudios, ya no encuentra ni siquiera rastros de cáncer en mi cuerpo.

¡Bendito y alabado sea Dios por siempre!

> **Salmo 126**
> Cuando el Señor cambió la suerte de Sión, nos parecía estar soñando.
> La boca se nos llenaba de risas, la lengua de cantos alegres. Hasta entre los paganos se comentaba: El Señor ha estado grande con ellos.
> El Señor ha estado grande con nosotros. ¡Estamos alegres!
> Cambia, Señor, nuestra suerte, como los torrentes del Negueb,
> Los que siembran con lágrimas cosechan con cantos alegres.
> Al ir iba llorando llevando el saco de la semilla; al volver vuelve cantando trayendo sus gavillas.

Amado lector, Dios siempre obrará a favor nuestro. Él es Padre de amor. A nosotros sólo nos toca creer, el resto es asunto suyo.

La deseada prole:

Muchos son los matrimonios que se han acabado o han tenido serios problemas porque uno de los no puede tener hijos. Los hijos son la bendición de Dios, en la unión matrimonial. El catecismo de nuestra iglesia, al hablarnos de la apertura a la fecundidad, nos dice:

"Por su naturaleza misma, la institución misma del matrimonio y el amor conyugal están ordenados a la procreación y a la educación de la prole y con ellas son coronados como su culminación" (GS 48,1):

«Los hijos son el don más excelente del matrimonio y contribuyen mucho al bien de sus mismos padres. El mismo Dios, que dijo: "No es bueno que el hombre esté solo (Gn 2,18), y que hizo desde el principio al hombre, varón y mujer" (Mt 19,4), queriendo comunicarle cierta participación especial en su propia obra creadora, bendijo al varón y a la mujer diciendo: "Creced y multiplicaos" (Gn 1,28). De ahí que el cultivo verdadero del amor conyugal y todo el sistema de vida familiar que de él procede,

sin dejar posponer los otros fines del matrimonio, tienden a que los esposos estén dispuestos con fortaleza de ánimo a cooperar con el amor del Creador y Salvador, que por medio de ellos aumenta y enriquece su propia familia cada día más» (GS 50,1).

La fecundidad del amor conyugal se extiende a los frutos de la vida moral, espiritual y sobrenatural que los padres transmiten a sus hijos por medio de la educación. Los padres son los principales y primeros educadores de sus hijos (cf. GE 3). En este sentido, la tarea fundamental del matrimonio y de la familia es estar al servicio de la vida (cf FC 28).

Sin embargo, los esposos a los que Dios no ha concedido tener hijos pueden llevar una vida conyugal plena de sentido, humana y cristianamente. Su matrimonio puede irradiar una fecundidad de caridad, de acogida y de sacrificio. (Numerales 1652, 1653, 1654).

Cierto día, la hermana Nena, una mujer de oración, que conocí en los grupos, sirvió como canal, para una invitación. Fui invitado a predicar y orar en un cabo de año, de un difunto que ni siquiera conocí.

En esa oración, Jesús se valió de las circunstancia de aquel encuentro, para hacer grandes cosas.

Estando en el momento de la oración, luego de haber proclamado la palabra ante los presentes, una palabra de ciencia surcaba mi interior. – Hay una mujer joven aquí, en este lugar, que quiere quedar embaraza y no ha podido. Dentro de un año, tendrás un bebe en tus brazos. – así lo anuncie públicamente.

Paso un tiempo, y el hermano Elvin Almonte, ex seminarista, quien también es predicador de la buena noticia y coordina un grupo juvenil en su parroquia, asentado en la capilla Inmaculada Concepción, me invito a impartir un tema, en un retiro, para toda la comunidad.

Al salir de aquel encuentro, una señora, de nombre Ana Caba, justo cuando me disponía a abordar el vehículo, que me llevaría al otro lugar donde tenía otro compromiso de evangelización, me impidió el paso; diciéndome que no me podía ir, sin que ella me contara un testimonio. Iba tan rápido a mi próximo encuentro, que a decir verdad, ni la atención debida le preste. Ni siquiera la escuché bien. Solo sé que me dijo que su hija Yohanna que no podía tener hijos, había sido curada, el día que oramos en el cabo de año. Que tenía una hermosa bebe, de dos meses de nacida.

Yo, por mi rapidez, sólo le dije que bueno. Gloria a Dios y salí corriendo.

Gracias al Señor, mucho tiempo después, Yohanna me hizo llegar una carta, contándome su hermoso testimonio, el cual le transcribo de forma fiel, para que usted mismo, lea esta gran misericordia que ha hecho el Señor, Nuestro Salvador.

> Hola
> José Miguel
>
> Que Dios le bendiga cada día más, aquí le expreso mi testimonio. Mi nombre es Yohanna Díaz, tenía 4 años casada y no quedaba embarazada me hicieron estudios y salía que no podía tener hijos, que debía hacerme una cirugía, que costaba 70,000 pesos, por que tenía las trompas obstruidas. Era imposible concebir así,

> decían los médicos. Yo estaba muy desesperada, hasta que un día usted vino hacer una oración y ahí, usted dijo que había una persona que estaba orando porque quería tener un hijo y dijo que anotara la fecha que dentro de un año quedaría embarazada y así paso. Para la gloria de Dios justamente, un 6 de enero del siguiente año quede embarazada. Ya mi hija tiene 2 años su nombre es Arianna y para la honra y la gloria de Dios es una niña sana y nosotros, mi esposo y yo, sus padres, felices con ella gracias a Dios por todo.
> José Miguel que el Señor te siga bendiciendo, para que sigas en ese camino de bien, donde El Señor Jesús quiere que usted este. Que Él sea que lo guíe. Muchas gracias por todo.
>
> ATT: YOHANNA DIAZ

No sé si estas en esta situación. En la que se vio Yohanna y en la que tantas personas se han visto. Si es así o si conoces a alguien que pase por lo mismo, te invito a orar.

En caso de que esto no sea lo que necesites, porque gracias al Señor gozas de este favor, quiero que te unas a mí y a tantas personas que leen estas líneas, para que pidamos a Jesús, que conceda esta bendición a quien la necesite.

Amado Dios, Padre y Señor de todas las cosas, en el nombre de Jesús, llenos de confianza me dirijo a ti, unido a tantos hermanos y hermanas, que hoy leen estas líneas, para pedirte por todos aquellos, que no tienen hijos, que por una razón u otra no han podido concebir y que tanto desean la prole. Padre concédele esta bendición, sea cual sea el caso, tu lo puedes todo. Para ti no hay nada imposible. Sé que puede obrar.

Mira a tantos que claman a ti, esperando de tus santas y venerables manos esta gracia altísima, escúchalos por favor, te ruego en el nombre de Jesús, tu hijo muy amado y por la intercesión de la siempre bienaventurada, la llena de gracia, la Virgen purísima y santísima. Amén.

Capítulo V

El pobre que enriqueció a muchos

El pobre que enriqueció a muchos:

Mis inicios en el camino fueron mis duros, creo que pase, según me decían otros servidores, de más experiencia y conocimiento, por el crisol o purificación. Me toco soportar toda clase de prueba… Era necesario. El sacrificio y la mortificación de la carne, devuelven la pureza al alma. Pureza que había perdido, en mi caso, por la vida de desorden que alguna vez y por muchos años lleve.
Tuve que soportar terribles hambrunas, sed, frio, desnudez, escases de todo. Sin un empleo, sin casa, sin tener donde dormir… Así quede… todo lo perdí, cuando decidí ganar a Cristo.
Desde siempre supe que Dios me llamaba pero siempre hice caso omiso. Quería brillar antes los hombres, soñaba con ser famoso, con tener mucho dinero y lujos en la vida. En ocasiones, cuando sentía el ardor de la llamada del Señor en mi corazón, levante la mirada y decía – Creador, yo se que tú me estas llamando, lo hiciste desde vientre de mi madre, (leer al respecto mi libro antes que te

formaras), y yo te voy a servir... claro que te voy a servir... vas a tener que esperarte, que yo termine la universidad, que sea un profesional exitoso, que tenga un buen automóvil, mi casa propia y después... esperar que tenga muchas, muchas mujeres y cuando ya me canse de ellas (cuando este viejo y haya disfrutado mi vida), me casare con una y entonces, cuando ya me haya cansado del mundo... te serviré.

Por un momento creí que todo iba a ser así... en la universidad, en mi carrera de comunicación social, me iba bien. Tenía un buen trabajo y en cuanto a tener mujeres... iba consiguiendo. A los veintiún años de edad ya había montado mi propio negocio, una oficina de bienes raíces y publicidad... ya me estaba creyendo el grande.

Todo se vino abajo, en todo me empezó a ir mal. Por el vicio de las mujeres, perdí mi empleo, y pronto mi negocio, quede endeudado con cinco instituciones. Bancos, compañías telefónicas, corporación eléctrica, etc... a todos les debía... y ahora sin poder pagar.

Nunca volví a tener paz. La vergüenza me estaba matando. Repetidas y frecuentes llamadas de cobro. No faltaron los insultos, los calificativos bochornosos, las groserías y por último el desalojo.

Cuando me sacaron del apartamento donde vivía, me quede sólo con la ropa que tenia puesta. No tenía a donde llevar nada, por esta razón, todo lo que había en casa: utensilios de cocina, muebles, electrodoméstico, prendas de vestir, etc.… todo lo perdí.

Jamás supe lo que fue estar sereno, hasta que deseándome la muerte y luego de haber intentado quitarme la vida siete veces, me entregue a Cristo.

La situación era peor porque tenía un niño, de apenas algunos meses de nacido… no tuve con que darle de comer.

Su madre tuvo que abandonarme e irse a su casa paterna, llevándose al niño. Junto a mi… sólo les esperaba la muerte. También a mi hijo lo perdí. Lo que hacía que el dolor fuera aun más grande.

Gloria y sufrimientos se alternaban, una vez me entregue al Señor. Todo esto lo pase, cuando ya me había decido seguirlo a Él.

No obstante, cada vez me arraigaba más a la palabra de Dios, sabía que esta prueba, no iba a ser para siempre, pues mi defensor, al que yo le estaba creyendo tenía la última palabra.

Me convertí entonces, en el pobre que enriquecía a muchos. (Claro no por mi o por merito propio, sino porque *el Señor es ternura y misericordia; perdona nuestros pecados y nos salva en los momentos de angustia. Eclesiástico 2, 11).* En los días, donde no tenía un centavo en los bolsillos y donde pase hasta setenta y dos horas, sin probar bocado alguno y sin tomar agua siquiera; Jesús se valió de mí para hacer grande cosas.

Él no se fijo en mi condición, ni tampoco me señalaba por la vida pecaminosa que deje atrás, Él miraba que mi deseo de seguirle era verdadero.

Muchas veces pensé iba a morirme, el dolor en el vientre me consumía. Mi estomago parecía león rugiente.

Esto, sin embargo, no me detenía. Yo quería conocer a Dios, ansiaba amarlo, servirlo, adorarlo. Pasando por estas situaciones precarias, me iba al grupo de oración, paradójicamente, yo, el necesitado, oraba por las necesidades de los demás e incluso iba por las casas orando por quienes necesitaban.

Una noche, me encontraba en Nibaje, donde viví por un tiempo; faltaban apenas algunas horas para completar tres días sin comer y sin beber. No tenia con que hacerlo.

Llegué al grupo de oración y me dijeron tienes que predicar. No hay quien lo haga. Esta iba a ser mi segunda predica. (En el grupo nadie me ayudaba en mi prueba y hambruna, nadie lo sabía. Me daba vergüenza pedir... decirlo. Solo tiempo después, cuando conocí al Hermano Tony Rodríguez, le hice participe de mi situación y él me ayudaba). Estaba feliz. Iba a hacer lo que más amaba ahora. Rebose de gozo en un instante... el rugir de mi vientre me delataba.

Después de predicar, comencé a orar, (normalmente es como se hace en las asambleas carismáticas o grupos de oración), por los necesitados, por todos los presentes, casi al finalizar y bajo la unción del Espíritu Santo, escuché una voz sigilosa en mi interior. –Di, hay una mujer aquí, que iba a tener que ser operada de su columna vertebral, pera ya no, porque yo la estoy operando. La palabra llena de amor, pero con tanta autoridad, me carcomía por dentro y tuve que declararla a voz potente.

Hubo una señora, que estaba sentada en la última fila de los asientos, en aquel lugar, que justo al momento, de hacer esa declaración, cayó al piso. El grupo estaba a punto de terminar. Todos esperábamos que se levantara pero no lo hacía. Nosotros no queríamos levantarla para no ir a estropear la acción de Dios en ella.

Luego de mucho esperar, al fin se levanta (había descansado en el espíritu). Cuando estuvo de pie, pidió la oportunidad para hablar en público. Quería testificar lo que Jesús había hecho en ella. Decir lo que había vivido y experimentado.

- Cuando se dijo que Jesús iba a operar a alguien- decía- no sé que me paso, todo mi cuerpo se adormeció, caí como en un sueño. Vi dos ángeles, vestidos con túnicas blancas, parecidas a la vestimenta que usan los médicos. Estaban haciendo una cirugía en mi columna, (la señora lloraba). Hace unos días- continuo- fui al doctor, me dijo que tenía que ser intervenida quirúrgicamente con carácter de urgencia. Me estaba volviendo loca. La operación costaba treinta mil pesos y yo no tenía ese dinero, para pagarlo, pero esta noche, Jesús me sano. Él fue mi médico. *Como diría san Francisco de Asís "el pobre no tiene más medico que tú amadísimo Jesús"*

Cuando escuché esto, en medio de los aplausos de la gente (hay que señalar que la señora llegó caminando casi imposibilitada y al salir sus pasos eran firmes y rápidos), me eché a reír a carcajadas, pensé en el buen sentido del humor que tiene el Señor. "Yo no tenía un centavo en los bolsillos, casi completaba tres días sin comer y Él a través de mí, se le ocurre sanar a una señora, que necesitaba treinta mil" Toda la gloria es de Dios. Amén.

Este fue sólo uno de los tantas obras que realizó el Señor, en ese tiempo de prueba y tribulación.

Recordemos, para concluir este capítulo, este trozo de la segunda carta del Apóstol San pablo a los corintios.

Somos, pues, los ayudantes de Dios, y ahora les suplicamos que no hagan inútil la gracia de Dios que han recibido. Dice la Escritura: En el momento fijado te escuché, en el día de la salvación te ayudé. Este es el momento favorable, éste es el día de la salvación. Nos preocupamos en toda circunstancia de no dar a otro ningún pretexto para criticar nuestra misión; al contrario, de mil maneras demostramos ser auténticos ministros de Dios que lo soportan todo: las persecuciones, las privaciones, las angustias, los azotes, las detenciones, las oposiciones violentas, las fatigas, las noches sin dormir y los días sin comer. Se ve en nosotros pureza de vida, conocimiento, espíritu abierto y bondad, con la actuación del Espíritu Santo y el amor sincero, con las palabras de verdad y con la fuerza de Dios, con las armas de la justicia, tanto para atacar como para defendernos. Unas veces nos honran y otras nos insultan; recibimos tanto críticas como alabanzas; pasamos por mentirosos, aunque decimos la verdad; por desconocidos, aunque nos conocen. Nos dan por muertos, pero vivimos; se suceden los castigos, pero no somos ajusticiados; nos tocan mil penas, y permanecemos alegres. Somos pobres, y enriquecemos a muchos, no tenemos nada, y lo poseemos todo. 2 corintios 6, 1-10.

Capítulo VI

El pecado

El pecado:

> *Cuando eran esclavos del pecado, se sentían muy libres respecto al camino de justicia. Pero con todas esas cosas de las que ahora se avergüenzan, ¿cuál ha sido el fruto? Al final está la muerte. Ahora, en cambio, siendo libres del pecado y sirviendo a Dios, trabajan para su propia santificación, y al final está la vida eterna. El pecado paga un salario y es la muerte. La vida eterna, en cambio, es el don de Dios en Cristo Jesús, nuestro Señor. Romanos 6, 20-23*

El pecado, no es otra cosa, si no la muerte misma, pues nos aparta de la vida de gracia, nos aparta incluso, de Dios que es la vida.

Aunque cierto es que en nuestra carne, cargamos con la debilidad, y por el mal espíritu, hasta una desviación a hacer el mal, no podemos olvidar, que el pecado, contrario a la Sangre de Jesús, paga un salario, como dice el texto anterior de las carta a los romanos.

Pero, ¿qué hacer cuando, al igual que el apóstol, sentimos en nosotros un aguijón, que no nos deja hacer el bien, que quisiéramos?

El Señor, en su infinita misericordia y a través de la santa iglesia, nos ha dado armas, que siempre han sido eficaces para combatirlo, es decir, para enfrentar el mal, que corrompe nuestro espíritu. La vida de sacramento, la oración, la adoración, la contemplación, el sacrificio, la penitencia y la vida en comunidad, son poderosos fusiles, para vencer las artimañas del tentador.

Mi confesor, Fray Juan Mena, siempre ha dicho, que para poder permanecer firme en la vida de gracia, de oración, y de comunión con Dios, "hay que violentar el cuerpo". La carne es poco animosa, gusta poco de orar y la pereza que siempre ha sido mala consejera, podría terminar venciéndonos.

El pecado es como la falta de abandono en las manos de Dios, el Creador y Padre de todos cf. Efesios 4, 6. Esta falta de confianza y a veces de conocimiento, es entonces, la que nos hace soberbios, más seguros de nosotros mismos que de Dios, tomemos en cuenta, que El Señor nos ha creado libre y lo somos, pero estos no nos justica, para hacer de esa libertad, un pretexto para convertirnos en libertinos. Amantes del libertinaje.

El Señor nos dios el camino (Él es el camino), al darnos la ley perfecta del amor, cuando nos dio por intermedio de Moisés los diez mandamientos y en Jesús, cuando dio su vida, se nos comunico a plenitud.

La paradoja está en que sabemos lo que es pecado, somos consientes de lo que le desagrada al Señor, sin embrago, preferimos hacerlo, con tal de tener gozo pasajero, que da gusto al cuerpo, olvidándonos o echando a un lado la eternidad.

El Señor puso ante nosotros la maldición y la bendición, el bien y el mal, la gracia y el pecado; somos nosotros mismos quienes elegimos. Todos nuestros días están escritos en el libro del Altísimo, mas nosotros somos arquitectos de nuestro propio destino.

> ...mas del árbol de la ciencia del bien y del mal no comerás, porque el día que comieres de él, morirás sin remedio.» Génesis 2, 17.
> Que los cielos y la tierra escuchen y recuerden lo que acabo de decir; te puse delante la vida o la muerte, la bendición o la maldición. Escoge, pues, la vida para que vivas tú y tu descendencia. *Deuteronomio 30, 19.*

Mantengámonos firmes. No vaya hacer que paguemos a Dios, como el pueblo de Israel. *Pero, ¿es a mí, acaso, a quien rebajan con eso, dice Yavé? ¿No es más bien a ellos mismos, para su propia deshonra? Por eso, así habla Yavé: «Mi cólera y mi furor se van a desencadenar sobre este lugar, sobre los hombres y los animales, sobre los árboles del campo y los frutos de la tierra, y arderá sin apagarse.» Así habla Yavé de los Ejércitos, el Dios de Israel: « ¡Añadan ustedes, no más, los holocaustos a los sacrificios y coman después la carne! Que cuando yo saqué a sus padres de Egipto, no les hablé ni les ordené nada referente a sacrificios y holocaustos. Lo que les mandé, más bien, fue esto: «Escuchen mi voz,*

y yo seré su Dios y ustedes serán mi pueblo. Caminen por el camino que les indiqué para que siempre les vaya bien.» Pero ellos no me escucharon ni me hicieron caso, sino que siguieron la inclinación de su corazón malvado, me dieron la espalda y me volvieron la cara.
Jeremías 7, 19-24.

La autosuficiencia, la avaricia, el querer tener, los estudios y la ciencias humanas, han causado que el corazón del hombre (añado, también los escándalos), se vuelva obstinado; creyendo en si más que en Dios. Cree el ser humano, que todo lo puede solo, que no necesita del Altísimo. Todo el mundo era de un mismo lenguaje e idénticas palabras. Al desplazarse la humanidad desde oriente, hallaron una vega en el país de Senaar y allí se establecieron. Entonces se dijeron el uno al otro: «Ea, vamos a fabricar ladrillos y a cocerlos al fuego.» Así el ladrillo les servía de piedra y el betún de argamasa. Después dijeron: «Ea, vamos a edificarnos una ciudad y una torre con la cúspide en los cielos, y hagámonos famosos, por si nos desperdigamos por toda la haz de la tierra.» Bajó Yahveh a ver la ciudad y la torre que habían edificado los humanos, y dijo Yahveh: «He aquí que todos son un solo pueblo con un mismo lenguaje, y este es el comienzo de su obra. Ahora nada de cuanto se propongan les será imposible. Ea, pues, bajemos, y una vez allí confundamos su lenguaje, de modo que no entienda cada cual el de su prójimo.» Y desde aquel punto los desperdigó Yahveh por toda la faz de la tierra, y dejaron de edificar la ciudad. Por eso se la llamó Babel; porque allí embrolló Yahveh el lenguaje de todo el mundo, y desde allí los desperdigó Yahveh por toda la faz de la tierra. Génesis 11, 1-9

Una realidad visible, lo es el hecho, de que nos preocupamos más de la salud del cuerpo, que por la del alma. De esta última nos descuidamos considerablemente. El alma también necesita atención "se puede enfermar", gracias al Señor y por medio de la santa iglesia, tenemos a nuestro alcance la real medicina: la fe y el sacramento de la reconciliación. Esta ultima a través del sacerdote. Hombre que ha sido consagrado por Dios para este oficio. Estas gracias no son excluyentes o solo para algunos, sino, que son unos tesoros gratuitos, a los cuales todos tenemos acceso.

A semejanza de Jesús, el sacerdote, es el ministro, delegado por el mismo Señor, para alcanzar tan altísima gracia a las almas. Atreves de él, se pone en manifiesto la misericordia divina.

El sacerdote es el único, es que puede acercarnos a tan magnífico don. Muchos tienen miedo a la confesión, creyendo que van a juzgarle, o que el párroco o cura va a responderle mal. Quizás no hemos entendido los laicos, que el cura, no es un juez, a la hora de ministrar tan formidable y sublime sacramento, sino más bien portador de la misericordia de Dios.

Cuando somos consientes de la gracia extraordinaria, que es la reconciliación sacramental, queremos pasar por el confesionario, un día cada semana. El alma experimenta la dulzura, y la hermosa sensación, de la imagen de Dios en sí misma.

Este sacramento encierra en sí un misterio tan grande, que es imposible de explicar, sólo quienes con entrañas de amor y de fe, lo han experimentado, pueden algo decir.

Hay persona que prefieren pasar la vida, lejos de la Vida (Dios), por orgullo, por miedo, por soberbia, por el decir, no me confieso con un hombre. Recordemos pues, que en el momento de la absolución, jamás un sacerdote ha dicho, te absuelvo en mi nombre, sino, en el nombre trino y uno del Dios vivo. Padre, Hijo Y Espíritu Santo

Al momento de confesar, ya no es un hombre quien ministra, sino el mismo Cristo. Para poder experimentar y creer esta verdad, hay que tener bien abierto el ojo de la fe; si fuese necesario pedir a Dios Espíritu de la revelación y la contemplación.

Te exhorto… no te alejes de la gracia… si te alejaste, levántate, no te quedes en el pecado. Atrévete a experimentar, a través de la reconciliación, la anchura, la profundidad, la altura, del amor de Dios.

Para que seamos libres, vivas en santidad y para que no seas esclavo del pecado, Jesús te compro a precio de sangre.

Capítulo VII

El poder de la palabra

El poder de la Palabra:

En el retiro aquel, donde la señora enferma de cáncer terminal, recibió sanación, también Jesús a través de su Palabra, realizo una curación prodigiosa.

Siempre que voy a predicar, dictar una conferencia o impartir una charla, trato de llevar conmigo algunas grabaciones, en disco compactos, para que las personas puedan adquirirlas y llevarlas consigo. Esto es para mí, una forma de seguir evangelizando. Pues llevar una grabación de esta, es como tener un grupo de oración, en la casa, en el trabajo, en el carro, etc. La gente siempre, gracias al Señor, me ha apoyado en este sentido. Ya sea para su uso personal o simplemente para hacer un obsequio a alguien que ese día no estuvo presente. Alguien que necesita escuchar palabra de Dios.

Una hermana de Moca, de la parroquia Nuestra Señora del Rosario, después de haber participado del mencionado encuentro de tres días, llevo una predica de estas, titula "El Poder de la oración". Este disco contiene cantos, alabanzas, invocación al Espíritu Santo, predicación de la Palabra, y oración de sanación y liberación al final.

Cuando esta hermana, llego a su ciudad, después de haber salido de aquella casa de oración, llena del fuego de Espíritu Santo, se entera de que, una niña a la que ella conocía, le habían desahuciado.

Los riñones de la pequeña de solo siete años, estaban perforados, llenos de pequeños agujeros, y lamentablemente los médicos, le habían dicho a su madre, que ya no podían hacer mas, además le aconsejaron llevarla a casa, porque le quedaban pocos días de vida. La hermana que supo de esta noticia, se lleno de fe y consciente del poder que tiene la Palabra, decidió actuar.

Este testimonio me lo conto la misma hermana, que actuó en fe aquel día, una vez fui invitado a la asamblea del ministerio transformados por Cristo, que se lleva a cabo todos los jueves en la dicha parroquia.

Fue casi un mes después, luego del retiro de tres días, cuando me invitaron a predicar en esa asamblea, al ir saliendo, luego de haber concluido la enseñanza y la oración de esa noche, aquella hermana, se me acerco repleta de gozo, a contarme el favor del Señor.

Me conto de todo lo que había pasado con la niña y lo que hizo aquel día que llego del retiro. –Hermano José Miguel – me decía- yo llegue a mi casa, después de enterarme de lo sucedido con la niña, cogí mi radito (Diminutivo de radio) toca CD, y me fui para donde estaba la pequeña criatura. Cuando llegue a su casa, la encontré en cama, como moribunda. El Señor me fortaleció y el pregunte ¿tú tienes fe? Y ella, la niña, me contesto –Yo creo en Dios. Y yo le respondí- si es verdad que tú tienes fe, te vas a sanar ahora mismo, atreves de su Palabra.

Tome el toca disco, lo coloqué en su cabecera y le dije: pon atención. –Me contaba esta hermana, que durante casi una hora y mientras se predicaba la palabra de Dios, la niña, la pequeña de sólo siete años, sólo decía: Señor sáname. No dijo ninguna otra palabra, ni ninguna otra fase, sólo repetía ¡Señor sáname!

Lo que en lo personal me maravilló de aquella noche, es que aquella hermana, me tomo de las manos y saltando de felicidad, me dijo – ¡Hermano José Miguel, venga a ver, la niña como anda! Sus riñones fueron sanados. Totalmente restablecidos. ¡Todo honor, toda gloria, toda honra, a ti Señor Jesús y a tu poderosa Palabra!

Porque la Palabra de Dios es viva y eficaz, y más cortante que cualquier espada de doble filo: ella penetra hasta la raíz del alma y del espíritu, de las articulaciones y de la médula, y discierne los pensamientos y las intenciones del corazón. Ninguna cosa creada escapa a su vista, sino que todo está desnudo y descubierto a los ojos de aquel a quien debemos rendir cuentas.

Hermanos tres cosas necesarias para experimentar el poder de Dios personalmente y cuando intercedemos a favor de otros. En este testimonio fueran puestas en manifiesto.
Escucha de la palabra de Dios: Si nosotros, le hablamos a Dios atreves de la oración, entonces, es bueno, desconectarse de todo, para cuando se esté proclamando su palabra escu-

charlo a Él. Poned por obra la Palabra y no os contentéis sólo con oírla, engañándoos a vosotros mismos. Porque si alguno se contenta con oír la Palabra sin ponerla por obra, ése se parece al que contempla su imagen en un espejo: se contempla, pero, en yéndose, se olvida de cómo es. En cambio el que considera atentamente la Ley perfecta de la libertad y se mantiene firme, no como oyente olvidadizo sino como cumplidor de ella, ése, practicándola, será feliz. Santiago 1, 22-25.

«Así pues, todo el que oiga estas palabras mías y las ponga en práctica, será como el hombre prudente que edificó su casa sobre roca: cayó la lluvia, vinieron los torrentes, soplaron los vientos, y embistieron contra aquella casa; pero ella no cayó, porque estaba cimentada sobre roca. Y todo el que oiga estas palabras mías y no las ponga en práctica, será como el hombre insensato que edificó su casa sobre arena: cayó la lluvia, vinieron los torrentes, soplaron los vientos, irrumpieron contra aquella casa y cayó, y fue grande su ruina.» Mateo 7, 24-27.

Fe: (El atrevimiento de esta hermana, al preguntarle a una niña tan pequeña, si tenía fe y la fe de la niña al contestar). Pero que la pida con fe, sin vacilar; porque el que vacila es semejante al oleaje del mar, movido por el viento y llevado de una a otra parte. Santiago 1,6.

Jesús les respondió: «Yo os aseguro: si tenéis fe y no vaciláis, no sólo haréis lo de la higuera, sino que si aun decís a este monte: "Quítate y arrójate al mar", así se hará. Y todo cuanto pidáis con fe en la oración, lo recibiréis.» Mateo 21, 21-22.

Oración: no una letanía como los fariseos en aquel tiempo, sino una oración de confianza. El Señor siempre nos escuchara. «Y cuando oréis, no seáis como los hipócritas, que gustan de orar en las sinagogas y en las esquinas de las plazas bien plantados para ser vistos de los hombres; en verdad os digo que ya reciben su paga. Tú, en cambio, cuando vayas a orar, entra en tu aposento y, después de cerrar la puerta, ora a tu Padre, que está allí, en lo secreto; y tu Padre, que ve en lo secreto, te recompensará. Y al orar, no charléis mucho, como los gentiles, que se figuran que por su palabrería van a ser escuchados. No seáis como ellos, porque vuestro Padre sabe lo que necesitáis antes de pedírselo. Mateo 6, 5-8.

Capítulo VIII

Someto mi cuerpo

Someto mi cuerpo:

El apóstol Pablo, nos dejo un referimiento muy aceptado y que todos deberíamos hacerlo nuestro; como cristianos, como creyentes, o bien como evangelizadores. De este legado, desarrollare este capítulo.

> ...Y todo lo hago por el Evangelio, porque quiero tener también mi parte de él. ¿No han aprendido nada en el estadio? Muchos corren, pero uno solo gana el premio. Corran, pues, de tal modo que lo consigan. En cualquier competición los atletas se someten a una preparación muy rigurosa, y todo para lograr una corona que se marchita, mientras que la nuestra no se marchita. Así que no quiero correr sin preparación, ni boxear dando golpes al aire. Castigo mi cuerpo y lo tengo bajo control, no sea que después de predicar a otros yo me vea eliminado. 1 Corintios 9, 23-27.

En muchos libros del antiguo testamento también encontramos, como muchos sometían la carne, con tal de no ofender a Dios, transgredir la ley o hacer crecer el espíritu. Daniel, por ejemplo se negó a comer carne. A los del palacio se les servían alimentos y bebidas que Daniel no quería tomar, por estar prohibidos por su ley. Pidió entonces permiso al jefe de los funcionarios del palacio para no comer estas cosas, que lo habrían manchado. (Daniel 1, 8)...También arrestaron a siete hermanos con su madre. El rey quiso obligarlos, haciéndolos azotar con nervios de buey, a que comieran carne de cerdo, prohibida por la Ley. Uno de ellos, hablando en nombre de todos, dijo: «¿Qué quieres preguntarnos y saber? Estamos prontos a morir antes que a quebrantar la ley de nuestros antepasados.» El rey se enfureció e hizo poner al fuego ollas y sartenes. Cuando estuvieron ardientes, ordenó que cortaran la lengua al que había hablado en nombre de todos, le arrancaran la piel de la cabeza y le cortaran pies y manos a la vista de sus hermanos y de su madre. Cuando estuvo completamente mutilado, el rey ordenó que, estando todavía vivo, lo acercaran al fuego y lo echaran en una sartén. Mientras el vapor de la sartén se esparcía a lo lejos, los otros se daban valor mutuamente y con la madre para morir con valentía. Y decían: «El Señor Dios todo lo ve y, en realidad, tiene compasión de nosotros, tal como lo anunció Moisés en su cántico. En él dice claramente: El Señor tendrá piedad de sus servidores.» Cuando el primero dejó de este modo la vida, trajeron al suplicio al segundo. Después de haberle arrancado la piel de la cabeza con los cabellos, le preguntaron: «¿Qué prefieres comer, carne de cerdo o ser torturado en todo tu cuerpo?» El contestó en la lengua de sus padres: «No comeré.» Por lo cual fue también sometido a la tortura. En el momento de entregar el último suspiro dijo: «Asesino, nos quitas la presente vida, pero el Rey del mundo nos resucitará. Nos dará una vida eterna a nosotros que morimos por sus leyes.» Después de esto, castigaron al tercero. Presentó la lengua tan pronto como se lo mandaron, y extendió sus manos con intrepidez, tuvo además el valor de declarar: «De Dios he recibido estos miembros, pero por amor a sus leyes los desprecio, y de Dios espero recobrarlos.» El propio rey y su corte se conmovieron por el valor de ese joven que despreciaba sus sufrimien-

tos. Una vez muerto éste, sometieron al cuarto a las mismas torturas. A punto de expirar, se expresó así: «Más vale morir a manos de los hombres y aguardar las promesas de Dios que nos resucitará; tú, en cambio, no tendrás parte en la resurrección para la vida.» Trajeron en seguida al quinto y lo torturaron. Pero él, fijando los ojos en el rey, le decía: «Aunque mortal, tienes la autoridad sobre los hombres y haces lo que quieres. Sin embargo, no pienses que nuestra raza esté abandonada por Dios. Espera un poco y verás su gran poder, cuando te atormente a ti y tus descendientes.» Después de éste trajeron al sexto, quien dijo a punto de morir: «No te equivoques. En verdad, es por causa de nosotros mismos que sufrimos todo esto, porque pecamos contra nuestro propio Dios; por eso nos han pasado cosas asombrosas. Pero tú no te imagines que vas a quedar impune después de haber hecho la guerra a Dios.» Por encima de todo se debe admirar y recordar a la madre de ellos, que vio morir a sus siete hijos en el espacio de un día. Lo soportó, sin embargo, e incluso con alegría, *por la esperanza que ponía en el Señor. 2 crónicas 7, 1-20.*

Recordemos, además este trozo de la carta a los efesios 6, 10- 17, *Por lo demás, fortalézcanse en el Señor con su energía y su fuerza. Lleven con ustedes todas las armas de Dios, para que puedan resistir las maniobras del diablo. Pues no nos estamos enfrentando a fuerzas humanas, sino a los poderes y autoridades que dirigen este mundo y sus fuerzas oscuras, los espíritus y fuerzas malas del mundo de arriba. Por eso pónganse la armadura de Dios, para que en el día malo puedan resistir y mantenerse en la fila valiéndose de todas sus armas. Tomen la verdad como cinturón, la justicia como coraza; tengan buen calzado, estando listos para propagar el Evangelio de la paz. Tengan siempre en la mano el escudo de la fe, y así podrán atajar las flechas incendiarias del demonio. Por último, usen el casco de la salvación y la espada del Espíritu, o sea, la Palabra de Dios.*
Entendemos claro, valga la redundancia, que no estamos luchando con fuerzas humanas

sino, con los poderes y potestades del mundo de las tinieblas, con seres que no vemos y por tanto, de los cuales, no podemos defendernos, si no es con las armas del Espíritu.

Muchas personas viven en la opulencia, la abundancia, la comodidad, los lujos, las cosas vanas, sin embargo, aunque los bienes de esta tierra son parte de la bendición de Dios, ellos mismos pueden llevarnos a la perdición, por lo mismo, el apóstol dijo con mucha firmeza, el que tenga viva como el que nada tiene.

Muchos que hoy son santos, se caracterizaron por el desprendimiento de todo, incluso de la vida misma, atendiendo a lo referido en Juan, 12, 24-26. En verdad les digo: Si el grano de trigo no cae en tierra y muere, queda solo; pero si muere, da mucho fruto. El que ama su vida la destruye; y el que desprecia su vida en este mundo, la conserva para la vida eterna. El que quiera servirme, que me siga, y donde yo esté, allí estará también mi servidor. Y al que me sirve, el Padre le dará un puesto de honor.

Además sometían su carne, sus cuerpos a duros castigos que ellos mismos se imponían.

Quiero ilustrar más a fondo con la siguiente anécdota, que vi y tome de las redes sociales, aunque no tenia autor alguno descrito, si hago la salvedad que no es mía originalmente.

Un viejo ermitaño, se refugiaba en la montana para dedicarse a orar y a meditar.
Un día alguien le pregunto:
¿Por qué vive usted tan solo?
A lo que el anciano respondió
-vivo solo, porque tengo mucho trabajo que hacer.
El otro le pregunto: ¿pero cómo es que viviendo tan solo dice usted, que tiene mucho trabajo?
Respondió el viejo: - aunque no lo creas, es mucho... tengo que entrenar a dos halcones, vigilar a dos águilas, tranquilizar a dos conejos, disciplinar una serpiente, motivar un asno y domar a un león.
¡Cómo! Exclamo el joven. Yo no veo ningún animal por aquí. –dijo extrañado.
El ermitaño le respondió:
Estos animales, los llevo todos en mi.

Los dos halcones, se lanzan sobre todo lo que se les presenta, bueno o malo, tengo que entrenarlos, para que se lancen solo sobre las cosas buenas: son mis ojos.
Las dos águilas con sus garras, hieren y destrozan, tengo que entrenarlas para que sirvan y ayuden sin hacer daño: son mis manos.
Los dos conejos quieren ir donde quieran, quieren esquivar las situaciones difíciles, tengo que enseñarles a estar tranquilos aunque haya sufrimiento, problemas o cualquier cosa que no me guste: son mis pies.
Lo más difícil de vigilar, la serpiente, está encerrada en una jaula, pero ella siempre está lista para atacar, morder y colocar veneno en cualquiera que esté cerca, por ello tengo que disciplinarla. Es mi lengua.
El burro es holgazán, obstinado, perezoso, no quiere cumplir con su deber, siempre está cansado, y se niega a llevar su carga cada día: es mi cuerpo.
Por último, necesito domar al león, quiere ser el rey, es altivo y siempre quiere ser el

primero, es vanidoso, orgulloso, se cree el mejor y siempre quiere ser tomado en cuenta: ese es mi ego.

Pidamos a Dios poder dominar, nuestro ser, para que así podamos ser el mejor testimonio, para otros; bien decía un santo, "cuida tu vida, (tu proceder, tu actuar), quizás sea ese el único evangelio, que otros vayan a leer en toda su existencia"

El ayuno, el cilicio, la penitencia, la limosna, la abstinencia y la adoración de Jesús Eucaristía, son formas de someter el cuerpo, que sin duda alguna hacen buen provecho, en el camino del sumo bien. Estas cosas, sin embargo, deben de ponerse en prácticas, de forma que sean totalmente guiadas por El Espíritu Santo. De lo contrario podríamos hacernos mucho daño. Así me aconsejaba mi guía espiritual.

Hay personas que se han sometido a sacrificios, silicios o penitencia, que luego le han causado graves enfermedades, y se ha sabido de casos, que hasta daños emocionales, por tanto el sometimiento de la carne, debe ser a la medida de nuestras fuerzas.

Oración pidiendo al Padre fuerza de voluntad

Padre amado tú eres quien me formo, y quien me ha sostenido. Sabes lo débil que soy, por eso elevo mi voz hasta ti, para pedirte, un espíritu firme y una voluntad inamovible.
Concédeme Señor discernimiento y fortaleza. Dame la gracia de poder someter mi cuerpo, mi alma, mis pensamientos, sentimientos, emociones, afanes, apegos, en una palabra, ayúdame a abandonar todo mi ser a tu voluntad, que es santa y perfecta.
Si no me auxilias, pronto me veré fuera del camino. Te necesito. Sólo guíame. Nunca me abandones a mis caprichos ni terquedades, tú sabes bien, que mi ego muchas veces me domina, sólo contigo y con tu auxilio, podré mantenerme firme hasta el final.
Te ruego en el nombre de Jesús, por su sangre preciosa y por su nombre, me otorgues

esta gracia, que hoy te pido. Dame firmeza de voluntad. Amén.

Capítulo IX

Una carga llevadera

Una carga llevadera:
Muchos se quejan de lo duro del camino, de lo pesada de la carga, pero no fue esto lo que dijo Jesús, o lo que Él nos enseñó. Carguen con mi yugo y aprendan de mí, que soy paciente y humilde de corazón, y sus almas encontrarán descanso. Pues mi yugo es suave y mi carga liviana.» (Mateo 11, 29-30). Si la carga pesa, es porque aun no hemos comprendido la alegría del evangelio y quizás, aun no nos hemos desprendido de todo aquello que impide la misma.

No diré más, dejare este tema, en boca del Santo Padre, el Papa Francisco, en la EXHORTACIÓN APOSTÓLICA *EVANGELII GAUDIUM. Números 1, 2,3, 6, 7, 9,10, 119, 120, 121.*

La alegría del Evangelio llena el corazón y la vida entera de los que se encuentran con Jesús. Quienes se dejan salvar por Él son liberados del pecado, de la tristeza, del vacío interior, del aislamiento. Con Jesucristo siempre nace y renace la alegría. En esta Exhortación quiero dirigirme a los fieles cristianos para invitarlos a una nueva etapa evangelizadora marcada por esa alegría, e indicar caminos para la marcha de la Iglesia en los próximos años.

El gran riesgo del mundo actual, con su múltiple y abrumadora oferta de consumo, es una tristeza individualista que brota del corazón cómodo y avaro, de la búsqueda enfermiza de placeres superficiales, de la conciencia aislada. Cuando la vida interior se clausura en los propios intereses, ya no hay espacio para los demás, ya no entran los pobres, ya no se escucha la voz de Dios, ya no se goza la dulce alegría de su amor, ya no palpita el entusiasmo por hacer el bien. Los creyentes también corren ese riesgo, cierto y permanente. Muchos caen en él y se convierten en seres resentidos, quejosos, sin vida. Ésa no es la opción de una vida digna y plena, ése no es el deseo de Dios para nosotros, ésa no es la vida en el Espíritu que brota del corazón de Cristo resucitado.

Invito a cada cristiano, en cualquier lugar y situación en que se encuentre, a renovar ahora mismo su encuentro personal con Jesucristo o, al menos, a tomar la decisión de dejarse encontrar por Él, de intentarlo cada día sin descanso. No hay razón para que alguien piense que esta invitación no es para él, porque «nadie queda excluido de la alegría reportada por el Señor»[1]. Al que arriesga, el Señor no lo defrauda, y cuando alguien da un pequeño paso hacia Jesús, descubre que Él ya esperaba su llegada con los brazos abiertos. Éste es el momento para decirle a Jesucristo: «Señor, me he dejado engañar, de mil maneras escapé de tu amor, pero aquí estoy otra vez para renovar mi alianza contigo. Te necesito. Rescátame de nuevo, Señor, acéptame una vez más entre tus brazos redentores». ¡Nos hace tanto bien volver a Él cuando nos hemos perdido! Insisto una vez más: Dios no se cansa nunca de perdonar, somos nosotros los que nos cansamos de acudir a su misericordia. Aquel que nos invitó a perdonar «setenta veces siete» (*Mt* 18,22) nos da ejemplo: Él perdona setenta veces siete. Nos vuelve a cargar sobre sus hombros una y otra vez. Nadie podrá quitarnos la dignidad que nos otorga este amor infinito e inquebrantable. Él nos permite levantar la cabeza y volver a empezar, con una ternura que nunca nos desilusiona y que siempre puede devolvernos la alegría. No huyamos de la resurrección de Jesús, nunca nos declaremos muertos, pase lo que pase. ¡Que nada pueda más que su vida que nos lanza hacia adelante!

Hay cristianos cuya opción parece ser la de una Cuaresma sin Pascua. Pero reconozco que la alegría no se vive del mismo modo en todas las etapas y circunstancias de la vida, a veces muy duras. Se adapta y se transforma, y siempre permanece al menos como un brote de luz que nace de la certeza personal de ser infinitamente amado, más allá de todo. Comprendo a las personas que tienden a la tristeza por las graves dificultades que tienen que sufrir, pero poco a poco hay que permitir que la alegría de la fe comience a despertarse, como una secreta pero firme confianza, aun en medio de las peores angustias: «Me encuentro lejos de la paz, he olvidado la dicha [...] Pero algo traigo a la memoria, algo que me hace esperar. Que el amor del Señor no se ha acabado, no se ha agotado su ternura. Mañana tras mañana se renuevan. ¡Grande es su fidelidad! [...] Bueno es esperar en silencio la salvación del Señor» (*Lm* 3,17.21-23.26).

La tentación aparece frecuentemente bajo forma de excusas y reclamos, como si debieran darse innumerables condiciones para que sea posible la alegría. Esto suele suceder porque «la sociedad tecnológica ha logrado multiplicar las ocasiones de placer, pero encuentra muy difícil engendrar la alegría»[2]. Puedo decir que los gozos más bellos y espontáneos que he visto en mis años de vida son los de personas muy pobres que tienen poco a qué aferrarse. También recuerdo la genuina alegría de aquellos que, aun en medio de grandes compromisos profesionales, han sabido conservar un corazón creyente, desprendido y sencillo. De maneras variadas, esas alegrías beben en la fuente del amor siempre más grande de Dios que se nos manifestó en Jesucristo. No me cansaré de repetir aquellas palabras de Benedicto XVI que nos llevan al centro del Evangelio: «No se comienza a ser cristiano por una decisión ética o una gran idea, sino por el encuentro con un acontecimiento, con una Persona, que da un nuevo horizonte a la vida y, con ello, una orientación decisiva»[3].

El bien siempre tiende a comunicarse. Toda experiencia auténtica de verdad y de belleza busca por sí misma su expansión, y cualquier persona que viva una profunda liberación adquiere mayor sensibilidad ante las necesidades de los demás. Comunicándolo, el bien se arraiga y se desarrolla. Por eso, quien quiera vivir con dignidad y plenitud no tiene otro camino más que reconocer al otro y buscar su bien. No deberían asombrarnos entonces algunas expresiones de san Pablo: «El amor de Cristo nos apremia» (*2 Co* 5,14); «¡Ay de mí si no anunciara el Evangelio!» (*1 Co* 9,16).

La propuesta es vivir en un nivel superior, pero no con menor intensidad: «La vida se acrecienta dándola y se debilita en el aislamiento y la comodidad. De hecho, los que más disfrutan de la vida son los que dejan la seguridad de la orilla y se apasionan en la misión de comunicar vida a los demás»[4]. Cuando la Iglesia convoca a la tarea evangelizadora, no hace más que indicar a los cristianos el verdadero dinamismo de la realización personal: «Aquí descubrimos otra ley profunda de la realidad: que la vida se alcanza y madura a medida que se la entrega para dar vida a los otros. Eso es en definitiva la misión»[5]. Por consiguiente, un evangelizador no debería tener permanentemente cara de funeral. Recobremos y acrecentemos el fervor, «la dulce y confortadora alegría de evangelizar, incluso cuando hay que sembrar entre lágrimas [...] Y ojalá el mundo actual —que busca a veces con angustia, a veces con esperanza— pueda así recibir la Buena Nueva, no a través de evangelizadores tristes y desalentados, impacientes o ansiosos, sino a través de ministros del Evangelio, cuya vida irradia el fervor de quienes han recibido, ante todo en sí mismos, la alegría de Cristo»[6].

En todos los bautizados, desde el primero hasta el último, actúa la fuerza santificadora del Espíritu que impulsa a evangelizar. El Pueblo de Dios es santo por esta unción que lo hace *infalible «in credendo».* Esto significa que cuando cree no se equivoca, aunque no encuentre palabras para explicar su fe. El Espíritu lo guía en la verdad y lo conduce a la salvación[96]. Como parte de su misterio de amor hacia la humanidad, Dios dota a la totalidad de los fieles de un *instinto de la fe*— el *sensus fidei*— que los ayuda a discernir lo que viene realmente de Dios. La presencia del Espíritu otorga a los cristianos una cierta connaturalidad con las realidades divinas y una sabiduría que los permite captarlas intuitivamente, aunque no tengan el instrumental adecuado para expresarlas con precisión.

En virtud del Bautismo recibido, cada miembro del Pueblo de Dios se ha convertido en discípulo misionero (cf. *Mt* 28,19). Cada uno de los bautizados, cualquiera que sea su función en la Iglesia y el grado de ilustración de su fe, es un agente evangelizador, y sería inadecuado pensar en un esquema de evangelización llevado adelante por actores calificados donde el resto del pueblo fiel sea sólo receptivo de sus acciones. La nueva evangelización debe implicar un nuevo protagonismo de cada uno de los bautizados. Esta convicción se convierte en un llamado dirigido a cada cristiano, para que nadie postergue su compromiso con la evangelización, pues si uno de verdad ha hecho una experiencia del amor de Dios que lo salva, no necesita mucho tiempo de preparación para salir a anunciarlo, no puede esperar que le den muchos cursos o largas instrucciones. Todo cristiano es misionero en la medida en que se ha encontrado con el amor de Dios en Cristo Jesús; ya no decimos que somos «discípulos» y «misioneros», sino que somos siempre «discípulos misioneros». Si no nos convencemos, miremos a los primeros discípulos, quienes inmediatamente después de conocer la mirada de Jesús, salían a proclamarlo gozosos: « ¡Hemos encontrado al Mesías!» (*Jn* 1,41). La samaritana, apenas salió de su diálogo con Jesús, se convirtió en misionera, y muchos samaritanos creyeron en

Jesús «por la palabra de la mujer» (*Jn* 4,39). También san Pablo, a partir de su encuentro con Jesucristo, «enseguida se puso a predicar que Jesús era el Hijo de Dios» (*Hch* 9,20). ¿A qué esperamos nosotros?

Por supuesto que todos estamos llamados a crecer como evangelizadores. Procuramos al mismo tiempo una mejor formación, una profundización de nuestro amor y un testimonio más claro del Evangelio. En ese sentido, todos tenemos que dejar que los demás nos evangelicen constantemente; pero eso no significa que debamos postergar la misión evangelizadora, sino que encontremos el modo de comunicar a Jesús que corresponda a la situación en que nos hallemos. En cualquier caso, todos somos llamados a ofrecer a los demás el testimonio explícito del amor salvífico del Señor, que más allá de nuestras imperfecciones nos ofrece su cercanía, su Palabra, su fuerza, y le da un sentido a nuestra vida. Tu corazón sabe que no es lo mismo la vida sin Él; entonces eso que has descubierto, eso que te ayuda a vivir y que te da una esperanza, eso es lo que necesitas comunicar a los otros. Nuestra imperfección no debe ser una excusa; al contrario, la misión es un estímulo constante para no quedarse en la mediocridad y para seguir creciendo. El testimonio de fe que todo cristiano está llamado a ofrecer implica decir como san Pablo: «No es que lo tenga ya conseguido o que ya sea perfecto, sino que continúo mi carrera [...] y me lanzo a lo que está por delante» (*Flp* 3,12-13).

Hermanos es tiempo de soltar el equipaje que estamos llevando demás, y tomar lo único que deberíamos. El yugo y la carga de Jesús, que son suaves, livianos y llevaderos.

Capítulo X

No limites el poder de Dios

No limites el poder de Dios:

Le fe es el detonante que mueve la mano de Dios, así muchos han escrito... yo lo creo. Sin embargo, en mi caminar, llevando el ministerio de la evangelización, he visto al Señor sanando personas que no la tienen, e incluso que dudan.

Dios es mayor que cualquier limitante humana. Simplemente Él es. Contestó Moisés a Dios: «Si voy a los israelitas y les digo: "El Dios de vuestros padres me ha enviado a vosotros"; cuando me pregunten: "¿Cuál es su nombre?", ¿qué les responderé?» Dijo Dios a Moisés: «Yo soy el que soy.» Y añadió: «Así dirás a los israelitas: "Yo soy" me ha enviado a vosotros.» Siguió Dios diciendo a Moisés: «Así dirás a los israelitas: Yahveh, el Dios de vuestros padres, el Dios de Abraham, el Dios de Isaac y el Dios de Jacob, me ha enviado a vosotros. Este es mi nombre para siempre, por él seré invocado de generación en generación.» Éxodo 3, 13-15.

Es una ocasión la hermana Dulce, me invito a su casa paterna, en Sabana Iglesia. Por mi parte invite a mi hermano en Cristo, Diógenes Puntiel (Jhoni), a que me acompañara, esto porque según nos ha enseñado la iglesia y como mando Jesús en el evangelio: conviene ir de dos en dos. (Lucas 10,1).

La hermana que me había invitado, nos dijo que era una oración familiar, porque toda la familia iba a viajar esa semana a Estados Unidos.

Para sorpresa nuestra, parece que la voz de que alguien iba a orar para esa casa, se había divulgado por toda la comunidad, pues al llegar nos encontramos el lugar, lleno de personas.

No llevamos micrófonos, Bocinas o altos parlantes; no imaginamos iba a haber tanta gente. Ni siquiera alguien que cantara o tocara algún instrumento musical había. Hago esta salvedad, porque en muchas ocasiones ha sucedido, que hay predicadores, cantantes y/o músicos cristianos, que lo invitan a lugares a evangelizar y por no encontrar un buen equipo de sonido, o amplificador de voces, suelen hasta ponerse de mal humor, echando a perder así la misión, para la que fueron elegidos;

limitando así, con su actitud, la acción del Espíritu Santo a unos cuantos cables y bocinas. Como si estos objetos, fueran más importante que la evangelización y el testimonio.

Jhoni y yo, nos pusimos de acuerdo, y cuando llego el momento de iniciar aquel encuentro de oración, el sello el lugar y los presentes con la sangre de Cristo, invoco al Santo Espíritu de Dios e invito luego a todos los allí reunidos a unirse en una alabanza. En medio de cada oración de esta, nosotros mismos cantábamos. No es que tengamos linda voz, el don de canto o supiéramos algo de entonación, melodía o música... simplemente estábamos convencido de que si queríamos que Dios obrara ese día, no debíamos limitarnos a cuestiones propias.

Después de la alabanza y los cantos, el mismo hermano oro por mí; me dispuse a predicar la palabra y luego motive a la oración de sanación.

Sucedió que cuando estábamos orando (Jhoni me ayudaba), una palabra taladro mi mente. – Hay una mujer aquí, que tiene un fibroma, tenía que ser sometida cirugía, pero ya no. –Y agregue –Por que Jesús te está sanando.

… terminamos el grupo o la pequeña reunión de ese día. Al final muchos daban gracias a Dios y testificaban las maravillas que el Señor había hecho. Muchos fueron sanados, otros liberados de vicios, etc. Sin embargo, nadie testifico haber recibido sanación de un fibroma, ni siquiera apareció, quien era la del caso. Ese día me fui un poco pensativo a casa. Por un lado feliz porque Jesús se había manifestado como prometió en el evangelio, El que guarda mis mandamientos después de recibirlos, ése es el que me ama. El que me ama a mí será amado por mi Padre, y yo también lo amaré y me manifestaré a él.» (Juan 14, 21), pero por otro me torne un poco preocupado y hasta me cuestione, incluso le pedí perdón al Señor, por si use su nombre para declarar una sanación que no era cierta… de suerte que Él es fiel y nunca nos dejara en la vergüenza.

Era sábado por la tarde cuando oramos con aquella familia y con todos los presentes.

Hay un grupo de oración en las Charcas, en el que muchas veces he predicado, tenía asignado llevar el mensaje de la palabra todos los martes terceros de cada mes, de hecho ahí, conocí la hermana dulce.

Había aquel día (el sábado de la oración familiar), una hermana de sangre de la hermana dulce, que era la del problema del fibroma (luego me entere), tenían que extirpárselo con urgencia, pero su falta de fe, según confesó ella misma, no le permitió decir que era ella la del problema. Jesús que siempre nos acompaña, aunque ella dudaba, puso en su corazón una inquietud.

Tal cual conto ella, desde que salimos de su casa paterna, le cayó una ansiedad y un interés desbordante por ir al médico. Le cruzaba por la mente que tal vez era ella, la que el Señor había sanado, sin embargo como era al día siguiente domingo, y su médico no trabajaba, tuvo que esperarse hasta el lunes para poder consultar.

… llegada al consultorio, lunes a primera hora, el médico le manda a hacer los estudios rutinarios, para el proceso de cirugías, en el departamento de imágenes medicas, pero para sorpresa de todos, los resultados, arrojaban que el fibroma había desaparecido.

La mujer no pudo contenerse y como se entero, que iba a predicar, al día siguiente, que era martes por la tarde, en el grupo de oración de las Charcas, allá llego ella.

Ese día ella, casi al termino de la reunión, se levanto, tomo el micrófono y dio su testimonio, de cómo el Señor la había sanado, aunque ella no creí mucho en ¨eso de la oraciones¨

Hermanos, hermanas, muchas veces no vemos actuar a Dios más a menudo en nuestras vidas y/o a favor de aquellos por quienes oramos, porque nosotros mismos, queremos imponerle la forma, los parámetros y hasta el modo, en que Él debe de hacerlo. Quedando así limitado su poder a nuestra pequeñas mentes, concepciones e ideas.

Sucede mucho en la evangelización, en los grupos de oración, a la hora de orar por sanación o liberación y de forma más notoria en retiros o seminarios, donde se lleva a cabo la Efusión del Espíritu Santo; que pedimos a

Dios que haga su obra, mientras al hermano le decimos si no te abres, no vas a recibir nada.

El Señor Jesús es más que esto. Él es Dios y por el Espíritu Santo, puede entrar donde Él quiera y como Él quiera. No le quitemos su soberanía.

Ciertamente es bueno estar abiertos a recibir, pero de igual modo, si Él ha dicho que entraría, entrara aunque no nos abramos. A nosotros sólo nos toca creer y orar. El actuar es cosa de Él.

Capítulo XI

Orar con María

Orar con María:

¨María, la purísima, la santísima, fue la que dio el sí genero, para aceptar la misión que encerraba en sí, la voluntad del Padre¨

La virgen María, es y ha sido salvación de Dios para los que creen. Para otros… un gran escándalo.

Ella fue testigo fiel (no reportera), de nuestro precio. De la Sangre que vertió Jesús, para la salvación del mundo.

Quien si no ella, que llevo al redentor en su seno, intercederá siempre por nosotros. María es la orante perfecta, figura de la Iglesia. Cuando le rezamos, nos adherimos con ella al designio del Padre, que envía a su Hijo para salvar a todos los hombres. Como el discípulo amado, acogemos en nuestra intimidad (cf Jn 19, 27) a la Madre de Jesús, que se ha convertido en la Madre de todos los vivientes. Podemos orar con ella y orarle a ella. La oración de la Iglesia está como apoyada en la oración de María. Y con ella está unida en la esperanza (cf LG 68-69). Catecismo de la iglesia católica numeral 2679.

A partir de esta cooperación singular de María a la acción del Espíritu Santo, las Iglesias han desarrollado la oración a la santa Madre de Dios, centrándola sobre la persona de Cristo manifestada en sus misterios. En los innumerables himnos y antífonas que expresan esta oración, se alternan habitualmente dos movimientos: uno "engrandece" al Señor por las "maravillas" que ha hecho en su humilde esclava, y por medio de ella, en todos los seres humanos (cf Lc 1, 46-55); el segundo confía a la Madre de Jesús las súplicas y alabanzas de los hijos de Dios, ya que ella conoce ahora la humanidad que en ella ha sido desposada por el Hijo de Dios (CIC 2675).

Este doble movimiento de la oración a María ha encontrado una expresión privilegiada en la oración del Avemaría:

"Dios te salve, María (Alégrate, María)". La salutación del ángel Gabriel abre la oración del Avemaría. Es Dios mismo quien por mediación de su ángel, saluda a María. Nuestra oración se atreve a recoger el saludo a María con la mirada que Dios ha puesto sobre su humilde esclava (cf Lc 1, 48) y a alegrarnos con el gozo que Dios encuentra en ella (cf So 3, 17)

"Llena de gracia, el Señor es contigo": Las dos palabras del saludo del ángel se aclaran mutuamente. María es la llena de gracia porque el Señor está con ella. La gracia de la que está colmada es la presencia de Aquel que es la fuente de toda gracia. "Alégrate [...] Hija de Jerusalén [...] el Señor está en medio de ti" (So 3, 14, 17a). María, en quien va a habitar el Señor, es en persona la hija de Sión, el Arca de la Alianza, el lugar donde reside la Gloria del Señor: ella es "la morada de Dios entre los hombres" (Ap 21, 3). "Llena de gracia", se ha dado toda al que viene a habitar en ella y al que entregará al mundo.

"Bendita tú eres entre todas las mujeres y bendito es el fruto de tu vientre, Jesús". Después del saludo del ángel, hacemos nuestro el de Isabel. "Llena [...] del Espíritu Santo" (Lc 1, 41), Isabel es la primera en la larga serie de las generaciones que llaman bienaventurada a

María (cf. Lc 1, 48): "Bienaventurada la que ha creído... " (Lc 1, 45): María es "bendita [...]entre todas las mujeres" porque ha creído en el cumplimiento de la palabra del Señor. Abraham, por su fe, se convirtió en bendición para todas las "naciones de la tierra" (Gn 12, 3). Por su fe, María vino a ser la madre de los creyentes, gracias a la cual todas las naciones de la tierra reciben a Aquél que es la bendición misma de Dios: Jesús, el fruto bendito de su vientre.

"Santa María, Madre de Dios, ruega por nosotros... " Con Isabel, nos maravillamos y decimos: "¿De dónde a mí que la madre de mi Señor venga a mí?" (Lc 1, 43). Porque nos da a Jesús su hijo, María es madre de Dios y madre nuestra; podemos confiarle todos nuestros cuidados y nuestras peticiones: ora por nosotros como oró por sí misma: "Hágase en mí según tu palabra" (Lc 1, 38). Confiándonos a su oración, nos abandonamos con ella en la voluntad de Dios: "Hágase tu voluntad".

"Ruega por nosotros, pecadores, ahora y en la hora de nuestra muerte". Pidiendo a María que ruegue por nosotros, nos reconocemos pecadores y nos dirigimos a la "Madre de la Misericordia", a la Toda Santa. Nos ponemos en sus manos "ahora", en el hoy de nuestras vidas. Y nuestra confianza se ensancha para entregarle desde ahora, "la hora de nuestra muerte". Que esté presente en esa hora, como estuvo en la muerte en Cruz de su Hijo, y que en la hora de nuestro tránsito nos acoja como madre nuestra (cf Jn 19, 27) para conducirnos a su Hijo Jesús, al Paraíso. Numerales 2675, 2676, 2677.

Nuestra fe ha sido, muy atacada, e incluso perseguida, por haber confesado que creemos en la intercesión de María, la madre de Jesús, el Nazareno, el Salvador. Muchos son los que nos han llamado idolatras, calificativo con el que no estoy de acuerdo, ni comparto, puesto que seguro estoy de que amar a la madre del redentor, no es idolatría. Es sabernos agradecidos.

La intercesión de María, es un dogma de fe. Ella es madre de amor, de misericordia, que siempre está pendiente al clamor de sus hijos. Ella siempre está con nosotros.

Recitemos esta magnífica oración. Hagámoslo pausado, meditando, y nos daremos cuenta cuantas verdades y belleza encierra en sí misma.

La salve

Dios te salve, Reina y Madre
de misericordia, vida, dulzura
y esperanza nuestra.

Dios te salve.
A Tí clamamos los desterrados
hijos de Eva, a Tí suspiramos,
gimiendo y llorando en este
valle de lágrimas.

Ea, pues, Señora Abogada
Nuestra vuelve a nosotros tus
ojos misericordiosos, y después
de este destierro, muéstranos
a Jesús, fruto bendito de tu vientre.

Oh, clemente, oh piadosa,
oh dulce Virgen María.

> Ruega por nosotros, Santa Madre de Dios, para que seamos dignos de alcanzar las promesas de Nuestro Señor Jesucristo. Amén.

Este misterio (el de María madre del mundo y de la iglesia), están grande y tan insondable, que incluso algunos testimonios han surgido durante la oración de liberación y exorcismo, muchos demonios han confesado, la concepción inmaculada de la virgen purísima y su poder intercesor. Declarándola como única concebida sin pecado.

Oramos con María, en la adoración del Santísimo Sacramento, donde está vivo y real su hijo Jesús, nuestro Señor. Oramos con ella además, en la participación asidua, en la santa eucaristía (no como oyentes olvidadizos sino, con basta atención), y también con el rezo del santo rosario.

El santo rosario, es una oración de fe y para corazones y almas sencillas. Sólo los mansos y humilde del interior han entendido esto. Sólo los pequeños, han podido cosechar el fruto de esta muy sublime oración.

El Rosario, en efecto, aunque se distingue por su carácter mariano, es una oración centrada en la cristología. En la sobriedad de sus partes, concentra en sí la profundidad de todo el mensaje evangélico, del cual es como un compendio.[2] En él resuena la oración de María, su perenne Magnificat por la obra de la Encarnación redentora en su seno virginal. Con él, el pueblo cristiano aprende de María a contemplar la belleza del rostro de Cristo y a experimentar la profundidad de su amor. Mediante el Rosario, el creyente obtiene abundantes gracias, como recibiéndolas de las mismas manos de la Madre del Redentor. (Carta apostolica, Rosarium Virginis Mariae. Juan Pablo Segundo).

Hoy puedo hablar de María virgen, madre e intercesora, porque a mí mismo, me toco vivir una gran experiencia sobrenatural.

En los días en que todo lo perdí, cuando tuvo que refugiarme en el centro católico carismático... todos los días que dormía a los pies de Jesús eucaristía... una noche estaba orando, inicie a las nueve de la noche, cayo la madrugada y yo allí, a los pies del maestro, oraba profanamente, en un recogimiento extraordinario, me prepara para escuchar al Amado, en eso sentí una presencia grande del Espíritu Santo, que se apodero de mi. Caí como en un éxtasis. Mis ojos se abrieron y que de como inmóvil, quede como congelado en el tiempo y el espacio, a mi izquierda había, un cuadro, una pintura bellísima de la Santísima Virgen María, de reojo observe la imagen sin poder moverme, mientas la miraba fijamente, vi que esta tomo movimiento, (les parecerá una locura), y me hablo, dijo –Tú casi no me pides… quiero que sepas que yo también tengo poder. Entendí inmediatamente, sobre su poder de intercesión, que no es algo que tenga la Virgen por sí misma, sino porque el Padre se lo ha concedido.

Cuando me ocurrió esto, sentí que la Madre me tomaba, su mirada desnudo mi alma… y por poco me provoca morirme esa noche, de hecho sentí morir, pero me sabía vivo.

Hare una salvedad, no para gloriarme, más bien para que el Señor crezca. Desde mi conversión, mis inicios en la fe, la verdadera senda, la autentica puerta, Jesús me quiso regalar la gracia de la contemplación (no digo que soy un místico. Lejos de mi decirlo. Soy un gran pecador)… estar ante el Amado, vivir a cada momento aquel episodio, Juan 11, 28 ¨El Maestro está aquí y te llama¨ ha sido lo más fascinante que he podido experimentar.

La realidad era, que si me había convertido o al menos estaba en el camino, de la conversión, profesaba mi fe católica, iba misa los domingos, hacia el rosario hasta tres veces al día y clamaba la intercesión de María, pero no con fe autentica y convencimiento de corazón, ni por convicción de razón, sino más bien como por llenar un espacio y porque todos lo hacían.

Orar con la Virgen, no es repetir el ave María, es más bien imitar sus virtudes. Este misterio va más allá de tener un rosario colgado en el cuello, tener una imagen en la casa, en el automóvil, en la oficina, o en la habitación.

Rezar con ella, es saber que aunque, no es la que hace los milagros, es la que más cerca está del dueño de los milagros.

Orar con María, es ser fiel imitador, de sus gracias, es comprometerse más a la santidad. Es algo más que repetir una letanía.

Orar con la reina del cielo, es hablar con ella, vestir como ella, amar como ella, servir como ella, orar como ella, entregarse como ella.

Desde aquella noche entendí... he aquí el misterio... decir amo a María, venero a la madre de Jesús, supone una seria realidad, ¿Cuándo se ha visto a María, la virgen vestir de forma indecente o provocativa, para llenar las apetencias de la carne? ¿... Andar con su cuerpo que es templo del Espíritu Santo, igual que el nuestro, adornado para escandalizar? ¿Quién ha sabido de la virgen María, que ha ido a un quirófano para hacerse una cirugía plástica, estética o liposucción? ¿Quién la ha visto colocarse uñas o cabellos no propios en un salón de belleza? ¿Quién ha leído, sobre sus apariciones, que haya dicho denme gloria a mi o adórenme a mí? ¿Quién ha podido decir que ella ha empleado en sus apariciones (las aprobadas por la iglesia) un lenguaje morboso, prosaico, lisonjo o altanero? ¿Quién la ha visto jamás con una blusa descotada, una minifalda, vestido o pantalón ceñido al cuerpo, poniendo en manifiesto la desnudez?

Muchos son los que rezan a María o con María sin embargo se han dejado engañar del maligno con todas estas cosas.

Una vez, cuando trabajaba donde la hermana Yudelka Morales, mientras estaba, en la cocina terminando un pedido, llegaron dos mujeres testigo de Jehová amigas de ella. Una señora como de sesenta años aproximadamente y su hija, de unos treinta… iniciaron una conversación, yo que en ese momento salí al frente, escuche, como en ese momento la señora mayor le decía –Yudelka, ya casi tengo todo el dinero de la cirugía. El Señor me prometió el mismo cuerpo que yo tenía antes. Para mí este fue el colmo, de los colmos… no sabía que Dios andaba ofreciendo cuerpos bonitos o fascinantes para la vista del hombre…

María es modelo de fe, de servicio, de pureza, de castidad, de fidelidad, de amor, de entrega, de fortaleza, de obediencia, de madre, de esposa, etc. Rece con ella, esto le hace bien al alma, pero no olvide sus virtudes.

Con el Espíritu Santo, en medio del pueblo siempre está María. Ella reunía a los discípulos para invocarlo (Hch 1,14), y así hizo posible la explosión misionera que se produjo en Pentecostés. Ella es la Madre de la Iglesia evangelizadora y sin ella no terminamos de comprender el espíritu de la nueva evangelización.

En la cruz, cuando Cristo sufría en su carne el dramático encuentro entre el pecado del mundo y la misericordia divina, pudo ver a sus pies la consoladora presencia de la Madre y del amigo. En ese crucial instante, antes de dar por consumada la obra que el Padre le había encargado, Jesús le dijo a María: «Mujer, ahí tienes a tu hijo». Luego le dijo al amigo amado: «Ahí tienes a tu madre» (Jn 19,26-27). Estas palabras de Jesús al borde de la muerte no expresan primeramente una preocupación piadosa hacia su madre, sino que son más bien una fórmula de revelación que manifiesta el misterio de una especial misión salvífica. Jesús nos dejaba a su madre como madre nuestra. Sólo después de hacer esto Jesús pudo sentir que «todo está cumplido» (Jn 19,28). Al pie de la cruz, en la hora suprema de la nueva creación, Cristo nos lleva a María. Él nos lleva a ella, porque no quiere que caminemos sin una madre, y el pueblo lee en esa imagen materna todos los misterios del Evangelio. Al Señor no le agrada que falte a su Iglesia el icono femenino. Ella, que lo engendró con tanta fe, también acompaña «al resto de sus hijos, los que guardan los mandamientos de Dios y mantienen el testimonio de Jesús» (Ap 12,17). La íntima conexión entre María, la Iglesia y cada fiel, en cuanto que, de diversas maneras, engendran a Cristo, ha sido bellamente expresada por el beato Isaac de Stella: «En las Escrituras divinamente inspiradas, lo que se entiende en general de la Iglesia, virgen y madre, se entiende en particular de la Virgen María [...] También se puede decir que cada alma fiel es esposa del Verbo de Dios, madre de Cristo, hija y hermana, virgen y madre fecunda [...] Cristo permaneció nueve meses en el seno de María; permanecerá en el tabernáculo de la fe de la Iglesia hasta la consumación de los siglos; y en el conocimiento y en el amor del alma fiel por los siglos de los siglos»[212].

María es la que sabe transformar una cueva de animales en la casa de Jesús, con unos pobres pañales y una montaña de ternura. Ella es la esclavita del Padre que se estremece en la alabanza. Ella es la amiga siempre atenta para que no falte el vino en nuestras vidas. Ella es la del corazón abierto por la espada, que comprende todas las penas. Como madre de todos, es signo de esperanza para los pueblos que sufren dolores de parto hasta que brote la justicia. Ella es la misionera que se acerca a nosotros para acompañarnos por la vida, abriendo los corazones a la fe con su cariño materno. Como una verdadera madre, ella camina con nosotros, lucha con nosotros, y derrama incesantemente la cercanía del amor de Dios. A través de las distintas advocaciones marianas, ligadas generalmente a los santuarios, comparte las historias de cada pueblo que ha recibido el Evangelio, y entra a formar parte de su identidad histórica. Muchos padres cristianos piden el Bautismo para sus hijos en un santuario mariano, con lo cual manifiestan la fe en la acción maternal de María que engendra nuevos hijos para Dios. Es allí, en los santuarios, donde puede percibirse cómo María reúne a su alrededor a los hijos que peregrinan con mucho esfuerzo para mirarla y dejarse mirar por ella. Allí encuentran la fuerza de Dios para sobrellevar los sufrimientos y cansancios de la vida. Como a san Juan Diego, María les da la caricia de su consuelo maternal y les dice al oído: «No se turbe tu corazón [...] ¿No estoy yo aquí, que soy tu Madre?»[213]. EXHORTACIÓN APOSTÓLICA EVANGELII GAUDIUM DEL SANTO PADRE FRANCISCO. Números 284, 285, 286.

La integración:

Una vez, hecho valer en nosotros, el precio de la redención y más aun, si El Señor en su infinita misericordia, le ha otorgado alguna gracia especial, ya sea de curación, sanación milagrosa, liberación, llamamiento, reconciliación, conversión, etc. Lo mejor que podemos hacer es tomarnos un tiempo para nosotros mismos y dedicarlo a la meditación, a la oración y a la asidua labor de trabajarse así mismo, bajo la unción del Espíritu Santo. Esto ayudara a que no caiga o vuelva atrás.

Este sería un tiempo de gracia, de preparación, que nos robustecerá y capacitara y que posteriormente servirá, a fin de llevar a cabo la misión, para la que hemos sido elegidos. Puede ser que la misión sea recibida, en el mismo momento en que recibimos, el toque de Dios, el favor o por así decirlo el milagro, sin embargo no podemos o no sería prudente iniciar con la misma de inmediato, hasta tanto no estemos plantados en sólidos cimientos. Tomemos por ejemplo a San Pablo, que después de su encuentro con el Señor, fue a Jerusalén a prepararse... o como Apolo, que siendo un muy bien predicador, se dejo ayudar, haciéndose sencillo, Aquila Y Priscila le expusieron mejor el camino....

Tratemos de que nuestro cimiento en el Señor, tenga estos pasos. Es de suma importancia su observancia.

1. La oración
2. Lectura de la Palabra
3. Alimento Sacramental
4. Comunidad
5. Servicio
6. Solo soy siervo o instrumento
7. Toda la gloria es de Dios

- ✓ La oración: no creo que hay que abundar mucho en la vida de oración, sin embargo, me permitiré decir, que esta es el primer eslabón, para mantenernos en la vida de gracia. Un alma que busca orar siempre, difícilmente caiga, en algo que no le agrade al Señor.

✓ La Palabra nos va a enseñar el camino correctamente, es el manual de vida del creyente. Hay muchas personas que creyéndose inspiradas, poco recurren al uso de la Biblia, y como no hurgan en ella, tienden hasta a pecar. Pues no debemos fiarnos de cualquier inspiración, de cualquier espíritu. Mientras estemos en esta tierra, y llevemos en nosotros la fragilidad de la carne, espíritus impostores pueden influenciarnos, por ello, para mí, toda inspiración debe sujetarse la Palabra de Dios

Les contare de un caso, a fin de que lo tomen como enseñanza, que en lo personal, me toco vivir. En el tiempo de noviazgo, que mantuve, con la que ahora es mi esposa, en momentos donde se presentaron algunos inconvenientes o teníamos alguna inquietud por algo, recurríamos siempre a una persona, que para nosotros era muy espiritual para que nos aconsejara.

Esta persona sabía que yo era predicador y que mi novia, también era servidora... cierto día caímos en el tema de la relaciones sexuales, nosotros estábamos consciente de que si no estábamos casados, como manda la iglesia, teníamos que abstenernos, hasta que llegara el día, sin embargo, quisimos saber más, y por ello preguntamos, que cual era razón, por la que no se podía. Esta persona, hablo con mucha certeza, sabiéndose conocedor del tópico en cuestión y aparte, sintiéndose como enviado del Señor; nos dijo, eso era antes, que era pecado, pero a ustedes Dios no le toma eso en cuenta, porque ustedes son servidores. Ustedes pueden tener relaciones íntimas... y no tienen que dejar de recibir la eucaristía.

Esta fue una inspiración, que aunque fue en oración, no pudo haber venido del Señor. Por la Palabra de Dios, entendemos que la relación sexual antes del matrimonio es fornicación. Y por tanto un pecado abominable a los ojos de Dios.

Así muchos se han dejado engañar, con falsas inspiraciones, que no se someten a la Palabra, por eso disciérnanlo todo Y busque siempre el camino correcto, sígalo a la luz de la palabra.

- ✓ Alimento Eucarístico. Así como a diario alimentamos nuestro cuerpo, por que gastamos energía y hay que reponerlas, el alma, el espíritu, también necesita alimentarse y recuperar las fuerzas. Estas sólo se recuperan, participando de forma permanente del gran banquete. La santa Eucaristía. Sin este sacramento, el camino que es largo,

podría acabar venciéndonos y nosotros mismos vernos eliminados.
San Francisco de Asís, dijo en una ocasión lo que es este gran misterio: ¨el hombre debería temblar, el mundo debería vibrar, el cielo entero debería conmoverse profundamente cuando el hijo de Dios aparece sobre el altar en manos del sacerdote¨

✓ Comunidad. : hay mucho que decir de la comunidad, podríamos como Pablo, referir esto al cuerpo de Cristo. En lo personal me gusta referirlo a las palabras de Jesús en el Evangelio, En verdad les digo: Si el grano de trigo no cae en tierra y muere, queda solo; pero si muere, da mucho fruto (Espero el Señor les haga entender).

✓ Servicio. Hay más alegría en dar que en recibir. En el servicio, la caridad llega a ser perfecta. Sirviendo al hermano es como servimos a Dios. Si uno dice «Yo amo a Dios» y odia a su hermano, es un mentiroso. Si no ama a su hermano, a quien ve, no puede amar a Dios, a quien no ve. (1 Juan 4,20). La integración en una comunidad o grupo, asentado en la iglesia, debe ser ante todo, un objetivo claro, en nuestra vida cristiana.

- ✓ Soy siervo o instrumento. La gente, viciado por los signos y los milagros, suele seguir al hombre e incluso, si lo permitimos, hasta nos engrandecen. He aquí el gran peligro. Ante todo debo reconocer que si El Señor se ha valido de mí para hacer algo, yo soy sólo su siervo o instrumento. El término latino *servus* se convirtió, en castellano, en **siervo**. El concepto se emplea, de acuerdo al diccionario de la **Real Academia Española (RAE)**, para nombrar al **esclavo** que se encuentra al servicio de un señor.

- ✓ La gloria es de Dios. Muy importante, es que siempre que me alaguen o incluso, yo mismo me sienta satisfecho por lo que he realizado, o lo que El Señor ha realizado a través de mi, recordar que fui comprado a precio de la sangre de Jesucristo. Aprovecho entonces y en un acto de humildad desde que me vea a solas, me postro y digo, toda la gloria es tuya Señor. No vaya a ser nos pase como a Herodes.

Ante todo, la simpleza de corazón, es la que nos va a ayudar a reconocer siempre la grandeza del Creador y la perfección de su obrar.

Capítulo XIII

Confianza en Dios

Confianza en Dios:

Ilustro este capítulo, que será breve, con una anécdota real, que a mí me enseñó mucho y capto mi atención.

José David, es un niño de cuatro años de edad, nieto de la hermana Rosario Filpo, (Charo) y el hermano José Núñez, ambos servidores de la iglesia, en la Renovación Católica Carismática.

Trabaje un tiempo con ellos en su empresa, ganando el pan de cada día dignamente. Un día el mencionado niño, le pidió a su abuelo que lo levara a la tienda de juguetes, cuando están en el lugar, el pequeño, le pidió a su abuelo, un juguete que era algo costoso, sin embargo, estimo que él, en su inocencia, no escatimo el precio, y antes de que José le respondiera, una cosa u otra, el feliz y sonriendo le Dijo – Gracias Papá.

A esta petición, era imposible que José se negara, pues ya el niño y quizás sin meditarlo antes, lo había comprometido con un ¨Gracias Papá¨ de todo corazón. Este es sin duda, uno de los gestos más hermosos de confianza, que he visto en toda mi vida.

A si es Dios con nosotros. Le gusta que le tengamos plena confianza. Por algo dijo Jesús (repito esta cita bíblica). Por eso les digo: todo lo que pidan en la oración, crean que ya lo han recibido y lo obtendrán. Marcos 11, 24. Andamos agobiados, cargadas, taciturnos, atados, porque aún no confiamos totalmente en Él. Quien ha conocido a Dios; cree, confía y se abandona. Este es el ejemplo a imitar, la confianza absoluta que nos enseña el maestro.

Cuando ustedes recen, no imiten a los que dan espectáculo; les gusta orar de pie en las sinagogas y en las esquinas de las plazas, para que la gente los vea. Yo se lo digo: ellos han recibido ya su premio. Pero tú, cuando reces, entra en tu pieza, cierra la puerta y ora a tu Padre que está allí, a solas contigo. Y tu Padre, que ve en lo secreto, te premiará. Cuando pidan a Dios, no imiten a los paganos con sus letanías interminables: ellos creen que un bombardeo de palabras hará que se los oiga. No hagan como ellos, pues antes de que ustedes pidan, su Padre ya sabe lo que necesitan.

Ustedes, pues, recen así: Padre nuestro, que estás en el Cielo, santificado sea tu Nombre, venga tu Reino, hágase tu voluntad así en la tierra como en el Cielo. Danos hoy el pan que nos corresponde; y perdona nuestras deudas, como también nosotros perdonamos a nuestros deudores; y no nos dejes caer en la tentación, sino líbranos del Maligno.
Porque si ustedes perdonan a los hombres sus ofensas, también el Padre celestial les perdonará a ustedes. Pero si ustedes no perdonan a los demás, tampoco el Padre les perdonará a ustedes. Cuando ustedes hagan ayuno, no pongan cara triste, como los que dan espectáculo y aparentan palidez, para que todos noten sus ayunos. Yo se lo digo: ellos han recibido ya su premio. Cuando tú hagas ayuno, lávate la cara y perfúmate el cabello. No son los hombres los que notarán tu ayuno, sino tu Padre que ve las cosas secretas, y tu Padre que ve en lo secreto, te premiará. No junten tesoros y reservas aquí en la tierra, donde la polilla y el óxido hacen estragos, y donde los ladrones rompen el muro y roban. Junten tesoros y reservas en el Cielo, donde

no hay polilla ni óxido para hacer estragos, y donde no hay ladrones para romper el muro y robar. Pues donde está tu tesoro, allí estará también tu corazón. Tu ojo es la lámpara de tu cuerpo. Si tus ojos están sanos, todo tu cuerpo tendrá luz; pero si tus ojos están malos, todo tu cuerpo estará en obscuridad. Y si la luz que hay en ti ha llegado a ser obscuridad, ¡cómo será de tenebrosa tu parte más obscura! Nadie puede servir a dos patrones: necesariamente odiará a uno y amará al otro, o bien cuidará al primero y despreciará al otro. Ustedes no pueden servir al mismo tiempo a Dios y al Dinero.

Por eso yo les digo: No anden preocupados por su vida con problemas de alimentos, ni por su cuerpo con problemas de ropa. ¿No es más importante la vida que el alimento y más valioso el cuerpo que la ropa? Fíjense en las aves del cielo: no siembran, ni cosechan, no guardan alimentos en graneros, y sin embargo el Padre del Cielo, el Padre de ustedes, las alimenta. ¿No valen ustedes mucho más que las aves? ¿Quién de ustedes, por más que se preocupe, puede añadir algo a su estatura? Y

¿por qué se preocupan tanto por la ropa? Miren cómo crecen las flores del campo, y no trabajan ni tejen. Pero yo les digo que ni Salomón, con todo su lujo, se pudo vestir como una de ellas. Y si Dios viste así el pasto del campo, que hoy brota y mañana se echa al fuego, ¿no hará mucho más por ustedes? ¡Qué poca fe tienen! No anden tan preocupados ni digan: ¿tendremos alimentos? o ¿qué beberemos? o ¿tendremos ropas para vestirnos? Los que no conocen a Dios se afanan por esas cosas, pero el Padre del Cielo, Padre de ustedes, sabe que necesitan todo eso. Por lo tanto, busquen primero el Reino y la Justicia de Dios, y se les darán también todas esas cosas. No se preocupen por el día de mañana, pues el mañana se preocupará por sí mismo. A cada día le bastan sus problemas. **Mateo 6, 5- 34.**

Debemos cambiar forma de ver las cosas. Descubrir todas las promesas que Dios tiene para nosotros, pues para nuestro Padre, nada hay imposible. Son las cargas con las que andamos, que limitan nuestra visión, nuestra fe.

La cuestionante perfecta seria, ¿En quién tengo yo puesta mi confianza? Veamos este ejemplo del profeta Eliseo. En el tiempo que el rey de Aram organizaba expediciones contra Israel, celebró consejo con sus oficiales y les dijo: «Vamos a asaltar tal pueblo.» Pero el hombre de Dios mandó a decir al rey de Israel: «Guárdate en ese lugar porque ahí vienen los arameos.» Entonces el rey de Israel envió gente a aquel lugar que le indicó el varón de Dios y estuvo allí alerta; y así ocurrió varias veces. El rey de Aram se inquietó por estos hechos y llamando a sus oficiales les dijo: «Me van a descubrir quién es el traidor que delata nuestros proyectos al rey de Israel.» Uno de los oficiales dijo: «No, rey mi señor, nadie de nosotros te ha traicionado, sino que Eliseo, el profeta que hay en Israel, revela a su rey hasta las palabras que tú has dicho en tu dormitorio.» El rey les respondió: «Vayan, pues, y entérense dónde está y mandaré una expedición para arrestarlo.» Se le dio aviso de que Eliseo estaba en Dotán. Mandó, pues, allí, carros, caballos y una fuerte tropa que llegaron de noche y cercaron la ciudad. Al día siguiente, el muchacho del hombre de Dios se levantó temprano para salir, y vio a los arameos que rodeaban la ciudad, con sus carros y caballos. Entonces dijo a Eliseo: «Ay, mi señor, ¿qué vamos a hacer?» El respondió: «No temas, porque hay más gente con nosotros que con ellos.» Oró Eliseo y dijo: «Yavé, abre sus ojos para que vea.» Abrió Yavé los ojos del muchacho y vio el cerro lleno de caballos y carros de fuego en torno a Eliseo. Los arameos bajaron hacia él y nuevamente Eliseo dirigió esta súplica a Yavé: «Haz que no vean.» Yavé, pues, hizo que ya no vieran lo que estaban mirando, según se lo había pedido. 2 Reyes 8-18

Nuestro Papa emérito, Benedicto XVI, escribió al respecto en la carta pastoral Porta Fidei, en los números 9 y 10. Decir "creo", o decirlo juntos "creemos"5 , a la vez que nos llena de confianza y nos hace sentir que no estamos solos, es una súplica humilde y confiada a Dios, para que nos arraigue más en Él y nos haga verdaderos miembros de la Iglesia, porque en ella recibimos la fe y allí también la profesamos, aprendemos y celebramos. «Yo creo» es la primera palabra de un cristiano. Al bautizado se le hacen tres preguntas: ¿«Crees en Dios Padre todopoderoso? ¿Crees en Jesucristo, Hijo de Dios? ¿Crees en el Espíritu Santo?». A estas tres preguntas, contesta: «creo». Esa triple afirmación de fe se opone positivamente a la triple renuncia anterior: «Renuncio a Satanás, a su servicio, a sus obras». "Profesar la fe en la Trinidad –Padre, Hijo y Espíritu Santo– equivale a creer en un solo Dios que es Amor (cf. 1 Jn 4, 8): el Padre, que en la plenitud de los tiempos envió a su Hijo para nuestra salvación; Jesucristo, que en el misterio de su muerte y resurrección redimió al mundo; el Espíritu Santo, que guía a la Iglesia a través de los siglos en la espera del retorno glorioso del Señor".

La fe en Dios nos debe hacer capaces de renunciar a aquello que se opone a la vivencia de nuestra fe. La fe es un acto vital, de toda la persona, que es sinónimo de confianza: «Sé de quién me he fiado». Confiar significa abandonarse totalmente y sin condiciones. Y fe es también una gracia: «La fe es un don de Dios, una virtud sobrenatural infundida por Él».

"...debemos volvernos hacia los testigos de la fe: Abraham, que creyó, «esperando contra toda esperanza» (Rm 4,18); la Virgen María que, en «la peregrinación de la fe» (LG 58), llegó hasta la «noche de la fe» (Juan Pablo II, Redemptoris Mater, 17) participando en el sufrimiento de su Hijo y en la noche de su sepulcro; y tantos otros testigos de la fe: «También nosotros, teniendo en torno nuestro tan gran nube de testigos, sacudamos todo lastre y el pecado que nos asedia, y corramos con fortaleza la prueba que se nos propone, fijos los ojos en Jesús, el que inicia y consuma la fe» (Hb 12,1-2").

Oración de Confianza

Padre pon en mí un corazón, que desborde confianza en ti y en tu palabra, dame la gracia altísima de confiar y vivir abandonado a tu santa y Divina providencia. Ayúdame a creer que por siempre tú me sostendrás, que contigo a mi lado nada me faltará.

Ayúdame a creer, confiar y depender totalmente de ti, quita de mi los afanes y autosuficiencia, guíame para entender, que todo te lo debo a ti, viene de ti, y que eres tú quien me lo proporcionas.

Que tu providencia jamás se aparte de mí. Dame la confianza de creerlo. Gracias Padre por haberme escuchado. Amén.

El Señor es mi luz y mi salvación, ¿a quién he de temer? Amparo de mi vida es el Señor, ¿ante quién temblaré? Cuando los malvados se lanzan contra mí para comer mi carne, ellos, mis enemigos y contrarios, tropiezan y perecen.

Si me sitia un ejército contrario, mi corazón no teme, si una guerra estalla contra mí, aún tendré confianza.

Una cosa al Señor, sólo le pido, la cosa que yo busco es habitar la casa del Señor mientras dure mi vida, para gozar de la dulzura del Señor y cuidar de su santuario.

Porque él me dará asilo en su cabaña en tiempos de desdicha, me ocultará en el secreto de su tienda, y me alzará sobre la roca.

Y ahora mi cabeza se levanta sobre mis enemigos que me cercan. Jubiloso en su carpa ofreceré sacrificios con aclamaciones. Quiero cantar, tocar para el Señor.

Señor, oye la voz con que a ti clamo, escucha, por piedad.

Mi corazón de ti me habla diciendo: "Procura ver su faz".
Es tu rostro, Señor, lo que yo busco, no me escondas tu cara. Con enojo a tu siervo no rechaces; eres tú mi defensa, ¡no me abandones, no me dejes solo, mi Dios y Salvador!
Si me abandonaran mi padre y mi madre, me acogería el Señor.
Enséñame, Señor, tus caminos, y guíame por sendero llano.
Líbrame del afán de mis contrarios, pues contra mí se levantan falsos testigos que lanzan amenazas.
La bondad del Señor espero ver en la tierra de los vivientes.
Confía en el Señor, ¡ánimo, arriba! espera en el Señor.

Mi propio verdugo:

Hablemos de algo muy serio. Muchos no creen que Jesús, el mesías, dio su vida, colgando en un madero, por la salvación del mundo. Otros afirman, que no es cierto, el poder que se le atribuye a la sangre de Cristo. Otra parte de la humanidad, e incluso personas de iglesia y de oración, dicen que han orado evocando el valor de la misma y no han obtenido resultado alguno.

Resulta ser y según considero, estas son personas que usan o claman la Sangre de Cristo para pedir cosas que no están dentro de la voluntad de Dios. Otros la evocan, como si esta fuera un amuleto o varita mágica.

La realidad es que el valor y poder que tenga la sangre de Cristo, es el que yo por mi fe, confianza y abandono, le otorgue. Hablo de un valor personal, porque, ¿quién podrá quitar el merito de tan preciosísimo gesto?... dejarse colgar en un madero y derramar su sangre.

He visto personas, que aunque oran, se aferran a cosas dañinas y suelen hasta martirizarse por conseguir algo que no es lo que el Señor quizás quiera.

Debemos hacer valer la preciosísima sangre de Jesús, y dejar de ser nuestros propios verdugos, castigando y dañando nuestra integridad como seres humanos e hijos de Dios.
El Señor puso ante nosotros la maldición y la bendición; somos pues, libres de escoger.
Toda acción, traerá sus consecuencias. Si actuaste bien, espera frutos buenos, si obraste el mal, mal cosecharás... eres libre de elegir, pero si en vez del camino recto, escogiste el ancho, luego no te quejes o reclames a Dios por cómo te está yendo. «Entrad por la entrada estrecha; porque ancha es la entrada y espacioso el camino que lleva a la perdición, y son muchos los que entran por ella; mas ¡qué estrecha la entrada y qué angosto el camino que lleva a la Vida!; y poco son los que lo encuentran. Mateo 7, 13-14.

Decir Dios no me escucha, o la sangre de Cristo no tiene ningún poder, es fácil y cualquiera lo hace o puede hacerlo... incluso parece que nada le pasa, a quien blasfeme. Ustedes se expresan de mí muy duramente, dice Yavé, a pesar de que tratan de excusarse de que nada malo han dicho de mí. Pues ustedes dicen que es tontería servir a Dios y que nada se gana con observar sus mandamientos o con llevar una vida austera en su presencia. Por eso, ahora, ustedes llaman felices a los que no tienen religión, pues los que actúan mal tienen éxito en todo, e incluso si provocan a Dios, no les pasa nada.» Así hablaban entre sí los que respetan a Yavé. Yavé, que estaba escuchando, lo supo, y mandó en seguida que en un libro se anotaran los nombres de aquellos que lo respetaban y reverenciaban su Nombre. Ellos serán mis preferidos, dice Yavé de los ejércitos, el día en que yo actúe. Y los premiaré como hace un padre con su hijo obediente. Entonces ustedes verán cómo se trata al bueno y al malo, al que sirve a Dios y al que no lo sirve. Porque ya llega el día, ardiente como un horno. Todos los orgullosos y los que hacen el mal serán quemados como paja por el fuego de ese día. No quedarán de ellos ni ramas ni raíces. (Malaquías 3, 14-19). **Pedir como Jesucristo, aun en medio de la agonía,** Decía: «Abbá, o sea, Padre, si para ti todo es posible, aparta de mí esta copa. Pero no se haga lo que yo quiero, sino lo que quieres tú.» (Marcos 14, 36)... es haber comprendido la misión y el valor que tenemos y qué precio se pago por nosotros.

Les contare una anécdota: hubo una vez, dos jóvenes. El varón tenía veinte años y la hembra diecinueve. Resulta que un día, en las fiestas patronales de Nuestra Señora del Carmen, patrona del campo donde vivía la joven, llego él.

Fue amor a primera vista. Ambos quedaron fechados y locamente enamorados, tanto así que un año después se efectuó el matrimonio por la iglesia.

La ceremonia fue lindísima. Hubo gran fiesta y todo parecía perfecto. Ambos jóvenes eran vírgenes. Lo que hiso de esta unión algo mas comprometedor y hermoso a la vez.

Él era de mejor posición económica que ella, por lo tanto, la llevo a vivir a su casa. Cada día por la mañana, él se levantaba muy temprano, a preparar el desayuno, que luego llevaba hasta al cama, donde estaba su esposa. Nunca faltaron los detalles de su parte.

Hermosa vida de pareja... luego llegaron los hijos, cinco hembras y dos varones. Parecía aquello o más bien era un nido de amor. Todo se tenía en común, incluso las cuentas de banco, estaban a nombre de los dos.
Paso después... justo cuando iban a cumplir veinte años de casados, luego de haber sumado algunos bienes, como casa propia, dos automóviles todo terreno, acciones en algunas empresas muy importantes, todo empezó a ir mal. Los avances en la tecnología, el supuesto deseo de independizarse, de gozar la vida, etc. Entraron en la mujer. Joven señora de treinta nueve años de edad, muy bien conservada y de belleza deslumbrante. Ni siquiera se notaba que tenía hijos; Si no fuera por la cicatriz que le dejaron, los partos de sus dos últimos bebes, Laura y Carlos; nadie lo supiera.
Un día después de mucho trabajo, exhausto de la oficia, llega a su casa. Ella lo estaba esperando en la sala, muy arreglada y con vestido de fiesta. -¿Dónde vas? Pregunto él. –hace días quería hablar contigo, respondió ella. –dime mi amor, te escucho -dijo aflojándose la corbata. –Sabes algo- decía. –yo no creo que

este matrimonio pueda seguir. No es que no te quiera… pero tú y yo… nosotros… nos casamos muy jóvenes, incluso éramos… sinceramente yo quiero andar, quiero conocer el mundo, disfrutar, saborear la vida. Ya los niños han crecido… merezco… - el quedo perplejo ante lo que estaba escuchando. No supo que responder.

Los niños estaban con su abuela ese día. Así que no se enteraron de nada. Ella salió. Cerró la puerta tras de sí. Él se fue a la habitación y no hacía más que llorar. Veía como un matrimonio que parecía de cuentos de hadas, se estaba viniendo abajo.

En varias ocasiones el trato de hablar con ella, pero… su decisión estaba tomada. No dio marcha atrás… no recapacito. Decía estar decida y muy segura de lo que estaba haciendo… y que la perdonara.

El sufrió mucho, cayó en depresión, estuvo en manos de psicólogos en varias ocasiones, pero el problema no menguaba (disminuía). Los niños, luego de enterarse sufrieron mucho esa separación.

Un día, como él ya no soportaba más dolor, y amargura en su corazón, se hizo de un frasco de pastillas, que estaba sobre el refrigerador. Lo tomo, lo vertió sobre su mano izquierda y ya estaba a punto de llevar aquellas cien píldoras a su boca. Cuando sus labios rosaron el fármaco, en ese mismo momento –cuenta él – que escucho una voz que le grito: ¨no te hagas daño¨. Pensó que estaba loco, a causa de la situación que atravesaba, pero otra vez, volvió a escuchar la voz que ahora le decía: ¨no lo hagas, soy Jesús, tú amigo, no te he dejado y no te dejaré jamás. Por ti derrame mí sangre en el madero y si fuese necesario por ti… la volvería a derramar¨. (Nunca más volvió a escuchar esa voz según ha dicho, sin embargo le hizo caso).

Empezó a llorar y se fue corriendo al Santísimo, cabe destacar que su esposa de junta a él y su hijos siempre iban a la eucaristía los domingos, y allí en medio de llantos, quejidos y sollozos, levanto la vista y dijo –Si de verdad eres Jesús, has que mi esposa vuelva.

Desde ese día él se hizo más creyente, buscaba más a Dios, en los grupos de oración y existía a misa todos los días. Ella por su parte, se dedico a las fiestas, al placer de la carne, a la infidelidad, a las concupiscencias de todo tipo, a tal punto que en un año, ya se había mudado con tres hombres distintos.

Esto tenia a este hombre destrozado, vuelto harapos emocionalmente... no dejaba de orar y pedir a Dios que le regresara a su mujer. Hacia sacrificios, se vestía de saco, iba a misa descalzo, caminaba hasta dieciséis horas a pie en peregrinación. Era asiduo en el ayuno, se privaba de comer pescados, pastas, arroz y cualquier otra comida que le fuera deliciosa a su paladar.

Una noche, en medio de su desespero y habiendo perdido ya los dos automóviles y casi todo el dinero del banco porque su esposa, todo lo estaba malgastando, él se dirige a la casa de una mujer muy piadosa y creyente. Anciana de gran temor al Altísimo, que tenía un don de discernimiento carismático hermoso y extraordinario. Al llegar, le dice por favor puede orar por mi situación. Ella sintiendo gran compasión, observando la tristeza tan notoria que embargaba aquella alma, de forma muy amable asintió.

Cuando le impuso las manos para orar, increíblemente la mujer repitió las palabras, que él había escuchado, en aquella ocasión cuando trato de quitarse la vida. –El Señor te dice, que Él es tu amigo Jesús, que no te ha dejado solo y que nunca te dejará. Él empezó a llorar como niño. –Ella prosiguió – dice Jesús, El Señor, que esta mujer no te conviene. El Señor por tu oración ha querido cambiarla, pero ella ha rehusado. Conságrate al Señor, junto a tus hijos y se acabara tu sufrir, terminó diciendo la señora.

Él se levanto muy enojado, e incluso le dijo a la señora –mentirosa. Yo creía que era verdad, que usted discernía la voz la de Dios, pero… al diablo fue que usted escucho hoy.

Este hombre porque no se le dijo lo que él quería escuchar, o lo que él esperaba no quiso creer.

Su esposa, la que seguía esperando, continúo su vida de fiesta en fiesta, de brazos en brazos, de bar en bar… jamás regreso. Esto es lo que ha sucedido con muchos, que queriendo imponer a Dios lo que tiene que hacer, no se sujetan a la voluntad divina. Haciéndose así sus propios verdugos. Los causantes de su propia desgracia y sufrimiento. Los constructores de sus heridas. Los arquitectos se sus amarguras.

... han pasado muchos años ya. Él sigue esperando a su mujer. Continúa orando y sacrificándose hasta más no poder.

Oración para aceptar la voluntad de Dios.

Padre santo y bueno, vengo ante ti, a pedirte me perdones por todas las veces, que me he rebelado contra tú voluntad. Por las veces que no he entendido que solo quieres lo mejor para mí. Por las ocasiones que me olvidado de tus decretos, palabras y ordenanzas por seguir mis caprichos.

Te pido Señor, que me ayudes, que me des la gracia y la fuerza, el discernimiento y el valor para yo poder aceptar tu santa y bendita voluntad. Creo y sé que quieres lo mejor para mi, pues me amas, por mi tu hijo murió en la cruz, derramando su sangre. Ayúdame a entenderlo, ayúdame aceptarlo, dame la capacidad de entender que solo quieres mi bien.

Obra en mí para que yo pueda renunciar a todo lo que no es de tu agrado. A todo lo que no se sujete a tu voluntad perfecta. Escúchame. No lo merezco lo sé. Te lo pido en el nombre de Jesús tu hijo, mi Señor. Amén.

Capítulo XV

Venciendo el temor

Venciendo el Temor:

Así pues, el clamor de los israelitas ha llegado hasta mí y he visto además la opresión con que los egipcios los oprimen. Ahora, pues, ve; yo te envío a Faraón, para que saques a mi pueblo, los israelitas, de Egipto.»Dijo Moisés a Dios: ¿Quién soy yo para ir a Faraón y sacar de Egipto a los israelitas?»Respondió: «Yo estaré contigo. Éxodo 3, 9-12ª

Me llegó una palabra de Yavé: «Antes de formarte en el seno de tu madre, ya te conocía; antes de que tú nacieras, yo te consagré, y te destiné a ser profeta de las naciones.»Yo exclamé: «Ay, Señor, Yavé, ¡cómo podría hablar yo, que soy un muchacho!» Y Yavé me contestó: «No me digas que eres un muchacho. Irás adondequiera que te envíe, y proclamarás todo lo que yo te mande. Jeremías 1, 4-7.

Por esto te recomiendo que reavives el carisma de Dios que está en ti por la imposición de mis manos. Porque no nos dio el Señor a nosotros un espíritu de timidez, sino de fortaleza, de caridad y de templanza. 2 Timoteo 1, 6-7.

Cuando Dios eligió y envió a Moisés como libertador visible del pueblo de Israel y cuando escogió a Jeremías como profeta, el miedo, a la hora de responder al llamado, se apodero de ellos y la fragilidad humana quiso aflorar.

He aquí, cuando resuena y se hace eco la voz de Dios en nosotros. ¨no importa quién seas tú, importa más bien, quién es el que nos ha escogido y enviado. Esta es la enseñanza. Lo que realmente importa es quién es que va contigo.

Una vez aceptada la llamada y tomado en hombros, el compromiso, la vocación o misión, que Dios ha puesto en cada uno, entonces pasa lo que pasó con estos dos personajes. El primero (Moisés), era el único que podía hablar cara a cara con Dios. Cuando salía Moisés hacia la Tienda, todo el pueblo se levantaba y se quedaba de pie a la puerta de su tienda, siguiendo con la vista a Moisés hasta que entraba en la Tienda. Y una vez entrado Moisés en la tienda, bajaba la columna de nube y se detenía a la puerta de la Tienda, mientras Yahveh hablaba con Moisés. Todo el pueblo veía la columna de nube detenida a la puerta de la Tienda y se levantaba el pueblo, y cada cual se postraba junto a la puerta de su tienda. Yahveh hablaba con Moisés cara a cara, como habla un hombre con su amigo. Luego volvía Moisés al campamento, pero su ayudante, el joven Josué, hijo de Nun, no se apartaba del interior de la Tienda. Dijo Moisés a Yahveh: «Mira, tú me dices: Haz subir a este pueblo; pero no me has indicado a quién enviarás conmigo; a pesar de que me has dicho: "Te conozco por tu nombre", y también: "Has hallado gracia a mis ojos."(Éxodo 33, 9-12) y **librar o interceder por el pueblo, para evitarles el castigo.** Pero has de saber hoy que Yahveh tu Dios es quien va a pasar delante de ti como un fuego devorador que los destruirá y te los someterá, para que los desalojes y los destruyas rápidamente, como te ha dicho Yahveh. No digas en tu corazón cuando Yahveh tu Dios los arroje de delante de ti: «Por mis méritos me ha hecho Yahveh entrar en posesión de esta tierra», siendo así que sólo por la perversidad de estas naciones las desaloja Yahveh ante ti. No por tus méritos ni por la rectitud de tu corazón vas a tomar posesión de su tierra, sino que sólo por la perversidad de estas naciones las desaloja Yahveh tu Dios ante ti; y también por cumplir la palabra que juró a tus padres, Abraham, Isaac y Jacob. Has de saber, pues, que no es por tu justicia por lo que Yahveh tu Dios te da en posesión esa tierra buena, ya que eres un pueblo de dura cerviz. Acuérdate. No olvides que irritaste a Yahveh tu Dios en el desierto. Desde el día en que saliste del país de Egipto hasta vuestra llegada a este lugar, habéis sido rebeldes a Yahveh. En el Horeb irritasteis a Yahveh, y Yahveh montó en tal cólera contra vosotros que estuvo a punto de destruiros. Yo había subido al monte a recoger las tablas de piedra, las tablas de la alianza que Yahveh había concluido con vosotros. Permanecí en el monte cuarenta días y cuarenta noches sin comer pan ni beber agua. Yahveh me dio las dos tablas de piedra escritas por el dedo de Dios, en las que estaban todas las palabras que Yahveh os había dicho de en medio del fuego, en la montaña, el día de la Asamblea. Al cabo de cuarenta días y cuarenta noches, después de darme las dos tablas de piedra, las tablas de la alianza, me dijo Yahveh: «Levántate, baja de aquí a toda prisa, porque tu pueblo, el que tú sacaste de Egipto, se ha pervertido. Bien pronto se han apartado del camino que yo les había prescrito: se han hecho un ídolo de fundición.» Continuó Yahveh y me dijo: «He visto a este pueblo: es un pueblo de dura cerviz. Déjame que los destruya y borre su nombre de debajo del cielo; y que haga de ti una nación más fuerte y numerosa que ésta.» Yo me volví y bajé del monte, que ardía en llamas, llevando en mis manos las dos tablas de la alianza. Y vi que vosotros habíais pecado contra Yahveh vuestro Dios. Os habíais hecho un becerro de fundición: bien pronto os habíais apartado del camino que Yahveh os tenía prescrito. Tomé entonces las dos tablas, las arrojé de mis manos y las hice pedazos a vuestros propios ojos. Luego me postré ante Yahveh; como la otra vez, estuve cuarenta días y cuarenta noches sin comer pan ni beber agua, por todo el pecado que habíais cometido haciendo el mal a los ojos de Yahveh hasta irritarle. Porque tenía mucho miedo de la ira y del furor que irritaba a Yahveh contra vosotros hasta querer destruiros. Y una vez más me escuchó Yahveh. También contra Aarón estaba Yahveh violentamente irritado hasta querer destruirle. Yo intercedí también entonces en favor de Aarón. Y vuestro pecado, el becerro que os habíais hecho, lo tomé y lo quemé; lo hice pedazos, lo pasé a la muela hasta que quedó reducido a polvo, y tiré el polvo al torrente que baja de la montaña. Y en Taberá, y en Massá, y en Quibrot Hattaavá, irritasteis a Yahveh. Y cuando Yahveh os hizo salir de Cadés Barnea diciendo: «Subid a tomar posesión de la tierra que yo os he dado», os rebelasteis contra la orden de Yahveh vuestro Dios, no creísteis en él ni eschuchasteis su voz. Habéis sido rebeldes a Yahveh vuestro Dios desde el día en que os conoció. Me postré, pues, ante Yahveh y estuve postrado estos cuarenta días y cuarenta noches, porque Yahveh había hablado de destruiros .Supliqué a Yahveh y dije: «Señor Yahveh, no destruyas a tu pueblo, tu heredad, que tú rescataste con tu grandeza y que sacaste de Egipto con mano fuerte. Acuérdate de tus siervos Abraham, Isaac y

Jacob, y no tomes en cuenta la indocilidad de este pueblo, ni su maldad ni su pecado, **(Deuteronomio 9, 3-27).**

El otro (Jeremías), hombre de dolor, de sufrimientos, probado, privado de libertad, y reo de muerte, aun con todo esto, se declaraba seducido por Dios. Me has seducido, Yavé, y me dejé seducir por ti. Me tomaste a la fuerza y saliste ganando. Todo el día soy el blanco de sus burlas, toda la gente se ríe de mí. Pues me pongo a hablar, y son amenazas, no les anuncio más que violencias y saqueos. La palabra de Yavé me acarrea cada día humillaciones e insultos. Por eso decidí no recordar más a Yavé, ni hablar más en su nombre, pero sentía en mí algo así como un fuego ardiente aprisionado en mis huesos, y aunque yo trataba de apagarlo, no podía. Yo oía a mis adversarios que decían contra mí: «¿Cuándo, por fin, lo denunciarán?» Ahora me observan los que antes me saludaban, esperando que yo tropiece para desquitarse de mí. Pero Yavé está conmigo, él, mi poderoso defensor; los que me persiguen no me vencerán. Caerán ellos y tendrán la vergüenza de su fracaso, y su humillación no se olvidará jamás. Yavé, Señor, tus ojos están pendientes del hombre justo. Tú conoces las conciencias y los corazones, haz que vea cuando te desquites de ellos, porque a ti he confiado mi defensa. ¡Canten y alaben a Yavé, que salvó al desamparado de las manos de los malvados! (Jeremías 20, 7-13).

Cuando el Señor me llamo, que ardía en mi el fuego de predicar su palabra... soñe con ser predicador del mundo. Sediento de predicar a las almas me sentía. Quería hablar del Reino de los Cielos a multitudes como lo hiso el Maestros.

En esos días, que me quedaba en el centro católico carismático, Jesús me presentaba esa visión: ¨Yo predicando en ese lugar, abarrotado de tanta gente, incluso muchos se quedaban fuera, porque no había cupo para ellos dentro¨.

Un hombre (no diré su nombre para cuidar su dignidad humana y moral), que trabajaba en dicho lugar, que dormía ahí y se encargaba de la limpieza del mismo, y su entorno, de vez en cuando, por las noches, solía hablar conmigo.

Aprovechaba mi ingenuidad y que era nuevo en el camino para entablar conversaciones conmigo sobre cuestiones de fe, para luego burlarse de mis repuestas.

Conversando un día le dije –usted ve este lugar. -Le señale, desde donde se coloca el altar, frente a la cruz, en gran salón –aquí, algún día y no muy tarde, Jesús me enviara a predicar y este lugar estará lleno de personas y El Señor hará cosas grandes a través de mi. Él me dijo en son de burla – si claro. Siga soñando. – A lo que respondí –usted verá.

Muchos son los obstáculos que hay que vencer; circunstancias y personas, incluso de los nuestros, que se harán nuestros verdugos. Algunos, que aun que ya sirven en alguna asamblea, grupo o comunidad, no dan crédito a la obra de Dios en otro.

Mis inicios estuvieron cargados de desavenencias, pero más grande era el deseo que había en mí de servir a Dios, de predicar su palabra, que cualquier contrariedad. Me vi en situaciones, en la que me hirieron y si no hubiera sido por El Señor, a penas iniciando, habría renunciado al camino.

En ocasiones, cuando estuve pasando por situaciones muy difíciles, en realidad el proceso más fuerte que he tenido que soportar en toda mi vida; con un llamado de Jesús, y a la vez con heridas profundas en mi corazón y atravesando por un proceso de liberación, muchos servidores, de muchos años en el camino y por ende con vasta experiencia, me hicieron cosas, que era para que yo renunciara.

Pero claro siempre he estado: de todo miedo, de toda duda, de toda falsa vergüenza, de todo temor, nos ha liberado El Señor. De esto también, fuimos comprados a precio de sangre.

Desde que la asamblea daba inicio, hasta el final. Todo para mí era un gran llanto. Experimentaba dolor de culpa, por haberme alejado de Dios. Heridas interiores que me atormentaban y espíritus inmundos, que buscaban eliminarme. A veces en la predicación de la palabra o el momento de la oración de sanación y liberación, era tan fuerte lo que sentía, que no podía contener el gemir y gritar. Salía del bando donde estaba sentado y me iba corriendo al sagrario, allí lloraba tanto en presencia de Jesús Eucaristía, sin embargo, había servidores que aun viéndome desecho, sollozando y casi perdiendo el aliento, se acercaban a mí de manera tosca, y en vez de hacer lo que Jesús nos ha mandado, que es apacentar al que sufre y amar, si es posible hasta entregarnos como Él lo hiso, se lanzaban sobre mí, como buitres sobre un cadáver y con voz potente y cargada de enojo, me decían –salgase de aquí, usted no puede estar en este lugar (donde estaba Jesús), y me tomaban de los brazos, me sacaban, como al borracho, que se durmió en la cantina y ya salía el sol.

Este acto me hirió tanto. Ver esta actitud de estas personas, que para mi eran tan usadas por El Señor, me llevo a que me preguntara. ¿Si yo solo quiero estar contigo Jesús, porque me sacan? Un sentimiento de culpa se apoderaba de mí. Me decía a mi mismo –es que soy tan malo y tan pecador, que ni Jesús me quiere en su presencia, me acordaba entones de las veces que me prostituí, la veces que mentí, que robe y las tantas veces que engañe... Jesús se las ingeniaba para consolarme.

Me consolaba haciendome ver luego, lo equivocado que estaban algunos y que yo mismo estaba. Ya lo dice el evangelio, al que viene a mí, yo no lo echo fuera y el apóstol reafirma, nadie que haya clamado a él ha quedado sin repuesta.

Nada me detuvo, el fuego por predicar pudo más que todos los obstáculos. La gracia del Señor me bastaba. Él me fortalecía para vencer todos mis temores.

Estas a tiempo... quizás iniciaste y por el accionar de otros, que ya estaban sirviendo, desististe, sin embargo quien pone la mirada en Dios y aunque rechinen los dientes los hombres, siempre recuerda quien fue el que le llamo.

En una ocasión donde estuve de misión, en Bávaro, Diócesis de la Altagracia, Jesús ayudo a una hermana a vencer sus temores.

Fui invitado junto al hermano Santo Zabala, a colaborar en un Seminario de vida en el Espíritu.

Después de haber impartido un tema, El Espíritu me inspira a orar por los presentes, especialmente para que se derramaran dones y carismas.

En un momento me llega una palabra de conocimiento. –hay aquí una persona, que El Señor le ha dado el carisma de la predicación y tiene miedo ejercerlo. Te dice El Señor que tengas animo y seas valiente, que Él Está contigo y que es Él, quien hablara a través de ti. Él pondrá palabras de vida en tus labios.

Para sorpresa mía y de todos los presentes, a la hora de los testimonios, la coordinadora zonal de la renovación carismática católica, tomo el micrófono y dijo –yo soy esa persona, que El Señor está llamando a la predicación, pero he tenido miedo y cuando venia al seminario, antes de salir de casa, le pedí al Señor que por favor, me hablara a través de alguien y así fue. Gloria a Dios.

Ese día Jesús doto a esta hermana de valentía, venció su temor y ahora con buen ánimo predica la palabra de Dios.

En cuanto a lo que inicie relatándole, para gloria del Señor (no busco gloria propia), aunque muchos se burlaron de mi fe, Jesús en varias ocasiones, me ha llevado a predicar su palabra el centro católico carismático repleto de personas e incluso al lado de hermanos que jamás imagine iba a estar.

La gloria es de Dios y Él es quien fija la medida de sus dones. No limites el don de que Dios ha puesto en ti.

Capítulo XVI

A precio de sangre

A precio de Sangre:

Aunque mí testimonio está detallado y de manera más explícita en mi libro ¨Antes que te formaras¨, quiero dejar aquí también plasmadas algunas de las obras de Dios en mí. Yo fui comprado a precio de sangre.

Desde que estaba en el seno materno, cuando aún era un feto, ya las Sangre de Jesús clamaba por mí, y hoy por hoy, rumbo a los siete años en la evangelización ininterrumpida, de día y de noche, de pueblo en pueblo, de ciudad en ciudad, sigo proclamando, que fuimos comprados a un precio muy alto.

Nací de algo menos de dos kilos y medios de peso, en un lugar remoto, sin ni siquiera energía eléctrica, sin comunicación electrónica alguna. Mi mamá era primeriza y no tenía ninguna instrucción sobre cómo cuidarme.

Hoy con la tecnología y avances de las ciencias, y en ese entonces, quizás si hubiere sido en la ciudad, esto sería poca cosa, sin embargo, en esos días, esto era caótico. Según me conto mi abuela, tuve a punto de morir varias veces e incluso mi madrina, se ofreció a bautizarme, presionando a mis padres a hacerlo antes de que cumpliera un mes de nacido, porque según la gente yo no me salvaba. No viviría.

Dios Padre, en su Hijo Jesús ya había pagado un precio por mí, y por encima de la opinión de la gente, y contra toda esperanza, el Rey del cielo y de la tierra, daba a conocer, que la última palabra la tiene Él.

Sobreviví a los vaticinios de la gente, pero luego, a los tres años de edad, se arrojo en mi zona intima una infección, que buscaba acabar con esa parte. A penas tengo memoria de lo doloroso que era, cuando mi tía Neri, me lavaba todos los días la enorme bola que se me había formado en rededor del glande. Cada tarde a las tres y media, la cantidad de pus que me extraía era muy considerable. El dolor imperaba. Un paño blanco, agua tibia en el fogón y jabón de cuaba, eran los elementos y utensilios para el tratamiento. A esa edad, yo no lo sabía, pero El Señor que sabía y no lo dejaba olvidar, también me libero de esta. Yo fui comprado a precio de Sangre.

Desde los cinco años de edad, comenzaron las luchas y batallas con el maligno, con espíritus de hechicería y brujería en mi casa, en mi familia. Así, de pequeño viví cosas horrorosas, pero todas las enfrentaba con la oración. Después al crecer… estuve en manos de un espíritu de desenfreno sexual, en manos de espíritus inmundos, trate de quitarme la vida siete veces, perdí todo, pase hasta tres días sin comer y beber, me quede sin ropa, sin zapato, sin casa, sin techo, sin tener donde dormir, sin amigos, y prácticamente sin familia, aunque en algún momento sentí, que todos me abandonaron, yo fui comprado a precio de Sangre.

A los siete años me sorprendió el asma, los ataques especialmente en los días de invierno, eran fulminantes, en ocasiones llegue a quedar como muerto. Muchas noches, a veces semanas, mi papá, mi mamá y mis hermanas no podían dormir, por estar pendiente a mí. En todo este proceso de enfermedad, nuestro auxilio y fuerza estaba en la oración. Me llevaron a muchos médicos, en ocasiones lograban controlarlo pero no, sanarlo. A los trece años fui totalmente curado, sin necesidad de la ciencia, para gloria del Señor, basto con llevarme donde un hombre de fe que orara por mí. Yo fui comprado a precio de Sangre.

Desde que Dios creó al primer hombre, su mano, su Espíritu jamás se han apartado de él. Por ello, basta creer para ver Su gloria. Juan 11, 40.

Les dejo como conclusión unos de los salmos más hermosos para mí. Oremos con el. Meditemos. Hagámoslo vida.

Amar la palabra de Dios, meditar en su ley, vivir el amor, es símbolo de que hemos entendido el precio que se pago por nosotros.

Salmo 119

Dichosos los que sin yerro andan el camino y caminan según la Ley del Señor. Dichosos los que observan sus testimonios y lo buscan de todo corazón, que sin cometer injusticia caminan por sus sendas. Tú eres quien promulgó tus ordenanzas para que las observen totalmente. Ojalá sea firme mi conducta en cumplir con tus preceptos. Entonces no tendré vergüenza alguna en respetar todos tus mandamientos. Te daré gracias con rectitud de corazón cuando vaya aprendiendo tus juicios justos. Tus preceptos, yo los quiero guardar, no me abandones, pues, completamente.

¿Cómo un joven purifica su camino? Basta con que observe tus palabras. ¡Con todo mi corazón te he buscado, no me desvíes de tus mandamientos! En mi corazón escondí tu palabra para no pecar contra ti. ¡Bendito seas, Señor, enséñame tus preceptos! Con mis labios he enumerado todos los juicios de tu boca. Me he complacido en seguir tus testimonios más que en tener toda una fortuna. Quiero meditar en tus ordenanzas y tener ante mis ojos tus senderos. En tus preceptos me deleitaré, jamás me olvidaré de tus palabras.

Sé bueno con tu servidor y viviré, pues yo quisiera guardar tu palabra. Abre mis ojos para que yo vea las maravillas de tu Ley. En la tierra soy sólo un pasajero, no me ocultes pues tus mandamientos. Mi alma se consume deseando tus juicios en todo tiempo. Tú amenazas a los arrogantes malditos, que desertan de tus mandamientos. Ahórrame el desprecio y la vergüenza pues tus testimonios he guardado. Aunque príncipes sesionen en mi contra, tu servidor meditará en tus maravillas. Tus testimonios son también mis delicias, tus preceptos son mis consejeros. Mi alma está adherida al polvo, vivifícame conforme a tu palabra.

Te expuse mis proyectos y me respondiste: enséñame tus preceptos. Haz que tome el camino de tus ordenanzas para que medite en tus maravillas. Mi alma está deprimida de pesar, levántame de acuerdo a tu palabra. Aleja de mí el camino engañador, y dame la gracia de tu Ley. He elegido el camino de la verdad, y tus juicios he deseado. Me he apegado, Señor, a tus testimonios, que no me decepcione. Corro por el camino de tus mandamientos, ahí me ensanchas el corazón.

Señor, enséñame el camino de tus preceptos, que los quiero seguir hasta el final. Dame la inteligencia para guardar tu Ley, y que la observe de todo corazón. Guíame por la senda de tus mandamientos, pues en ésa me complazco. Inclina mi corazón hacia tus testimonios y no hacia la ganancia. Guarda mis ojos de mirar cosas vanas, me darás vida en tus caminos. Cumple con tu siervo tu promesa dirigida a aquellos que te temen. Aparta de mí el desprecio que temo pues tus juicios son para mi bien. Mira cómo deseo tus ordenanzas, tú que eres justo, vivifícame.

Que venga a mí, Señor, tu gracia y tu salvación, conforme a tu palabra. Entonces responderé a los que se burlan, que puedo confiar en tus palabras. Que no se me olvide la palabra de verdad, pues espero en tus juicios. Quiero observar tu Ley constantemente, por siempre jamás. Estaré a mis anchas en todos mis caminos, pues tus ordenanzas he buscado. Ante reyes hablaré de tus testimonios y no tendré vergüenza. Me he deleitado en tus mandamientos a los que amaba mucho. Alzaré mis manos hacia ti y meditaré en tus preceptos.
Recuerda tu palabra a tu servidor, ella ha mantenido mi esperanza. Este es mi consuelo en mi miseria que tu palabra me vivificará. Los soberbios se burlaban mucho de mí, pero no me he movido de tu Ley. Me acuerdo de tus juicios de otros tiempos y eso, Señor, me da aliento. Al ver a los impíos me da rabia: ¿por qué abandonan tu Ley? Tus preceptos son salmodias para mí en la casa donde me reci-

ben. Por la noche me acuerdo de tu nombre, oh Señor, y observo tu Ley. Por lo menos esto me quedará, haber guardado tus ordenanzas. Lo que escojo, Señor, yo lo he dicho, es observar tus palabras. Con todo mi corazón he procurado que tu rostro se enternezca, ten piedad de mí según tu palabra .He reflexionado en mis caminos, a tus testimonios readecuaré mis pasos. Me he apresurado, no me he retardado en obedecer tus mandamientos. Las pecadores intentaron seducirme, pero no me olvidado de tu Ley. A medianoche me levanto, te doy gracias por tus justos juicios. Me he aliado con todos los que te temen y que observan tus ordenanzas. De tu bondad, Señor, está llena la tierra, enséñame tus preceptos.

Has sido bueno con tu servidor, Señor, de acuerdo a tu palabra. Enséñame el buen sentido y el saber pues tengo fe en tus mandamientos. Antes de ser humillado me había alejado pero ahora yo observo tu palabra. Tú que eres bueno y bienhechor, enséñame tus preceptos. Los soberbios me recubren de mentira, mas, con todo el corazón, guardo tus ordenanzas. Su corazón está obstruido como de grasa, pero para mí tu Ley es mi delicia. Fue bueno para mí que me humillaras para que así aprendiera tus preceptos. La ley de tu boca vale más para mí que millones de oro y plata.

Tus manos me han hecho y organizado, dame la inteligencia para aprender tus mandatos. Se alegrarán los que te temen al ver que he esperado en tu palabra. Sé, Señor, que tus juicios son justos y que con razón me has afligido. Que tu gracia me asista y me consuele, conforme a tu palabra dada a tu siervo. Que venga a mí tu ternura y me dé vida, porque mis delicias son tu Ley. Confunde a los soberbios que me calumnian, mientras yo medito en tus ordenanzas. Que se vuelvan a mí los que te temen y que saben de tus testimonios. Que cumpla mi corazón sin falla tus preceptos para que no quede avergonzado.

Mi alma se desgastó anhelando tu salvación, espero en tu palabra. Mis ojos se cansaron por tu palabra, ¿cuándo vendrás a confortarme? Aunque parezco un cuero ahumado, no he olvidado tus preceptos. ¿Cuál será la suerte de tu servidor? ¿Cuándo harás justicia con mis perseguidores? Los soberbios me han cavado trampas, lo que estaba en contra de tu Ley. Todos tus mandamientos son verdad: me persiguen sin razón, ¡ayúdame! Por poco no me dejaban en el suelo, pero yo no abandoné tus ordenanzas. Por tu bondad dame vida, para que observe el testimonio de tu boca.

Tu palabra, Señor, es para siempre, inmutable en los cielos. De generación en generación tu verdad; igual que la tierra que tú fundaste y que se mantiene por tu decisión, pues el universo es tu servidor. Si en tu Ley no hubiera puesto mis delicias habría perecido en mi miseria. Jamás olvidaré tus ordenanzas pues por ellas me haces revivir. Tuyo soy, sálvame, ya que he buscado tus ordenanzas. Los malvados me espían para perderme, pero estoy atento a tus testimonios. He visto el fin de todo lo perfecto, ¡cuánto más amplio es tu mandamiento!

¡Cuánto amo tu Ley! En ella medito todo el día. Me haces más sabio que mis enemigos por tu mandamiento que es siempre mío. Soy más agudo que todos mis maestros, merced a tus testimonios que medito. Superé a los ancianos en saber pues guardo tus ordenanzas.

Aparté mis pasos de todo mal camino, pues quería ser fiel a tu palabra. De tus juicios no me he apartado, pues tú me los enseñas. ¡A mi paladar son dulces tus palabras, más que la miel para mi boca! Tus ordenanzas me han dado la inteligencia, por eso odio cualquier ruta mentirosa.

Para mis pasos tu palabra es una lámpara, una luz en mi sendero. He hecho un juramento y lo mantendré de guardar tus justos juicios. He sido hasta el colmo afligido vivifícame, Señor, según tu palabra. Acepta, Señor, la ofrenda de mi boca, y enséñame tus juicios. Expongo mi vida a cada instante, pero jamás me olvido de tu ley. Los malvados me han tendido una celada pero no me alejé de tus ordenanzas. Tus testimonios han sido siempre mi herencia, son la alegría de mi corazón. Incliné mi corazón a cumplir tus preceptos, siempre y totalmente.

Odio los corazones repartidos y amo tu Ley. Tú eres mi refugio y mi escudo, he puesto en tu palabra mi esperanza. Apártense de mí, agentes del mal, para que guarde los mandamientos de mi Dios. Sostenme según tu palabra, y viviré que no sea en vano mi esperanza. Sé mi apoyo y estaré salvado, que tus preceptos sean siempre mis delicias. Desprecias a los que abandonan tus preceptos, sus proyectos no son más que mentira. Los malos del país son para ti la escoria, por eso yo amo tus testimonios. Ante ti mi carne tiembla de miedo, tus juicios me llenan de temor.

He actuado con derecho y con justicia, no me entregues a mis opresores. Defiende la causa de tu servidor, no dejes que me opriman los soberbios. Por tu salvación mis ojos languidecen, y por tu justa palabra. Según tu amor actúa con tu siervo, y enséñame tus preceptos. Soy tu servidor, dame la inteligencia para que conozca tus testimonios. Señor, es tiempo de que actúes, pues se viola tu Ley, al verlo amo más tus mandamientos, los aprecio más que el oro fino. Me regulo por todos tus preceptos y odio cualquier camino de mentira.

Maravillosos son tus testimonios, por eso mi alma los guarda. Exponer tus palabras es dar luz y abrir la inteligencia de los sencillos. Abro una boca grande para aspirar pues estoy ávido de tus mandamientos. Vuélvete a mí y ten de mí piedad, como los que aman tu nombre lo merecen. Afirma con tu palabra mis pasos, no dejes que me domine algún mal. Líbrame de la opresión del hombre, para que pueda observar tus ordenanzas. Haz brillar tu faz sobre tu siervo y enséñame tus preceptos. De mis ojos han brotado ríos de lágrimas al ver que no se observa tu Ley.

Tú eres justo, Señor, y rectos son tus juicios. Has dictado tus testimonios con justicia, y con toda verdad. Me consumo de indignación pues mis adversarios olvidan tus palabras. Tu palabra está totalmente comprobada por eso tu servidor la ama. Aunque soy poca cosa y despreciable, no me olvido de tus ordenanzas. Tu justicia es justicia eternamente y tu Ley es verdad. Si me asaltan la angustia y la ansiedad, tus mandamientos aún son mis delicias. Tus testimonios son justicia eterna, dame la inteligencia y viviré.

Te invoco, Señor, con todo el corazón, respóndeme, pues quiero observar tus preceptos. Yo a ti clamo, sálvame, pues quiero guardar tus testimonios. Me adelanto a la aurora para clamarte, espero en tus palabras. Mis ojos se adelantaron a las horas y volví a meditar en tu palabra. Por tu amor, Señor, oye mi voz, hazme vivir según tus juicios. Mis perseguidores se adhieren al crimen, pero se alejan de tu Ley. Tú estás cerca, Señor, y todos tus mandamientos son verdad. Lo que hace tiempo sé de tus testimonios es que los fundaste para siempre.

Mira mi miseria y líbrame, pues no me he olvidado de tu Ley. Defiende mi causa y líbrame, que me vivifique tu palabra. La salvación está lejos de los impíos, pues no se interesan en tus preceptos. Frecuentes son, Señor, tus misericordias, hazme vivir según tus juicios. Mis perseguidores y mis enemigos son sin cuento, pero no me aparté de tus testimonios. Vi a los traidores y me dieron asco, pues no respetan tu palabra. Mira cuánto amo tus ordenanzas, Señor, hazme vivir según tu gracia. El principio de tu palabra es la verdad, tus juicios son justos para siempre.

Si bien los príncipes me perseguían sin razón, mi corazón temía más a tus palabras. Tu palabra me llena de gozo como quien encuentra un gran tesoro. Detesto la mentira, la aborrezco, pero eso sí que amo tu Ley. Siete veces al día yo te alabo por tus juicios que son justos. Una paz grande para los que aman tu Ley, nada podrá hacerlos tropezar. Espero, Señor, tu salvación, y pongo en práctica tus mandamientos. Mi alma toma en cuenta tus testimonios, los amo totalmente. Observo tus ordenanzas, tus testimonios, a tu vista están todos mis caminos.

¡Que mi grito se acerque a tu faz, Señor, según tu palabra, dame la inteligencia! ¡Que mi súplica llegue hasta tu presencia, líbrame de acuerdo a tu palabra! ¡Que mis labios publiquen tu alabanza, pues tú me enseñas tus preceptos! ¡Que mi lengua celebre tu palabra, pues son justos todos tus mandamientos! ¡Que tu mano venga a socorrerme, pues yo elegí tus ordenanzas! He ansiado, Señor, tu salvación, y tu Ley ha sido mi delicia. ¡Que mi alma viva para alabarte, y tus juicios vendrán en mi ayuda!

Iba errante como oveja perdida, ven a buscar a tu servidor, pues bien sabes que no olvidé tus mandamientos.

Gloria al Padre, al Hijo y al Espíritu Santo. Amén.

En el presente escrito existen vocablos, o textos que pueden variar, esto se debe a las distintas traducciones de las Sagradas Escrituras. En el mismo fueron consultadas tres versiones de la Biblia. La de Jerusalén, la Latinoamérica y la Biblia de Nuestro Pueblo.

Sé que a través de la lectura de este escrito, muchos testimonio de fe, conversión, sanación y liberación ocurrirán, e incluso milagros, por ello nos gustaría lo compartas con nosotros. Puedes escribirnos a la siguiente dirección electrónica: antesqueteformaras@gmail.com o en búscanos en nuestra página de FaceBook: Antes que te formaras.